LA FRANCE ET SON IMMIGRATION
Tabous, mensonges, amalgames et enjeux

© L'Harmattan, 2007
5-7, rue de l'Ecole polytechnique ; 75005 Paris

http://www.librairieharmattan.com
diffusion.harmattan@wanadoo.fr
harmattan1@wanadoo.fr

ISBN : 978-2-296-04048-9
EAN : 9782296040489

Christian G. MABIALA-GASCHY

LA FRANCE ET SON IMMIGRATION
Tabous, mensonges, amalgames et enjeux

L'Harmattan

Points de vue
Collection dirigée par Denis Pryen

Déjà parus

Badara Alou TRAORE, *Politiques et mouvements de jeunesse en Afrique noire francophone, le cas du Mali*, 2007.
Pierre MANTOT, *Matsoua et le mouvement d'éveil de la conscience noire*, 2007.
Pierre CAPPELAERE, *Ghana : les chemins de la démocratie*, 2007.
Pierre NDOUMAÏ, *On ne naît pas noir, on le devient*, 2007.
Fortunatus RUDAKEMWA, *Rwanda. À la recherche de la vérité historique pour une réconciliation nationale*, 2007.
Kambayi BWATSHIA, *L'illusion tragique du pouvoir au Congo-Zaïre*, 2007.
Jean-Claude DJÉRÉKÉ, *L'Afrique refuse-t-elle vraiment le développement ?*, 2007.
Yris D. FONDJA WANDJI, *Le Cameroun et la question énergétique. Analyse, bilan et perspectives*, 2007.
Emmanuel M.A. NASHI, *Pourquoi ont-ils tué Laurent Désiré Kabila ?*, 2006.
A-J. MBEM et D. FLAUX, *Vers une société eurafricaine*, 2006.
Charles DEBBASCH, *La succession d'Eyadema, le perroquet de Kara*, 2006.
Azarias Ruberwa MANYWA, *Notre vision de la République Démocratique du Congo*, 2006.
Philémon NGUELE AMOUGOU, *Afrique, lève-toi et marche !*, 2006.
Yitzhak KOULA, *Pétrole et violences au Congo-Brazzaville*, 2006.
Jean-Louis TSHIMBALANGA, *L'impératif d'une culture démocratique en République Démocratique du Congo*, 2006.
Maligui SOUMAH, *Guinée : la démocratie sans le peule*, 2006.
Fodjo Kadjo ABO, *Pour un véritable réflexe patriotique en Afrique*, 2005.
Anicet-Maxime DJEHOURY, *Marcoussis : les raisons d'un échec. Recommandations pour une médiation*, 2005.
FODZO Léon, *L'exclusion sociale au Cameroun*, 2004.

Pour ma maman chérie, mon amour et ma reconnaissance pour tout ce que tu as fait.

Pour mes enfants : Mon petit Papa JÉRY, ma Princesse Titi. et mon Ange Évrard H. mon mea culpa, pour mon absence que les circonstances leur ont souvent imposée.

Pour ceux et celles qui m'ont réellement aimé et que j'ai aimés, mais dont le sort a voulu que nos chemins se séparent, je leur dis ma reconnaissance pour nos meilleurs moments. De même, je leur demande de me pardonner comme j'ai pu, souvent, leur pardonner. Car, l'amour et la foi ont ceci en commun : la croyance et la patience.

« ... *Considérant que l'ignorance, l'oubli ou le mépris des droits de l'homme sont les seules causes des malheurs publics et de la corruption des Gouvernements...* »

Préambule de la Déclaration des Droits de l'Homme et du Citoyen de 1789.

« *On ne peut tirer son épingle du jeu. Et,, serions-nous muets et cois comme des cailloux, notre passivité même serait une action.* »

Jean-Paul SARTRE, *Les mains sales.*

AVANT-PROPOS

Ce livre est le résultat d'une longue observation qui remonte à 1983, date à laquelle mes pieds foulaient, pour la première, le sol français où je m'étais accordé quelques jours, venant de la Suisse où j'avais pris part à une réunion à caractère sportif. Et depuis 1987 où je suis quasi régulièrement en France, cette observation a été plus constante, tant par ma formation et mes études, j'ai été témoin de certaines réalités, de certains faits.

Mais, c'est un soir du mois de septembre 2006 que j'ai décidé de traduire cette observation par l'écriture de ce livre. Car, ce jour là, en allumant la télévision, j'ai entendu la présentatrice du journal télévisé dire : « une embarcation de fortune dans laquelle il y avait des immigrés Sénégalais a échoué au large des côtes sénégalaises. » Pensant ne pas avoir bien entendu, j'ai changé de chaîne de télévision. Sur l'autre chaîne aussi, la présentatrice développait la même information et dans les mêmes termes. Dès lors, comment ne pas en déduire qu'il y a, manifestement une confusion sur la notion d'immigration. En effet, si la notion d'immigré vient du mot latin immigrare, qui signifie celui « qui a immigré », c'est-à-dire qui a décidé de « se fixer dans un pays étranger au sien », alors comment peut-on être immigré en étant encore dans son propre pays ?

Dès lors, la question qui se pose est de savoir si cet amalgame est simplement sémantique ? Dans la négative, à qui profite cette confusion et quel pourrait être l'intérêt pour les médias de l'entretenir et d'y participer ?

Aussi, j'écris ce livre, d'abord, en mémoire des centaines des milliers d'enfants, des femmes et des jeunes gens d'origine africaine, qui viennent mourir chaque jour, au large des côtes européennes. Ces gens dont la « ruée vers la mort » laisse indifférents les pays qui les affament, les asphyxient et les privent de toute perspective d'avenir. Ces morts dont les chiffres ne seront jamais connus ni des pays qui font miroiter l'eldorado, ni de ceux qui, depuis plusieurs décennies déjà, préfèrent traiter leurs propres populations avec cynisme et les contraindre ainsi à l'exil forcé.

Je l'écris surtout, parce que, qui aime bien châtie bien, la France est la terre qui a été fertile aux idées des Lumières. Elle a vu naître, grâce aux grandes personnalités, à l'instar de Jacques ROUX, Georges Jacques DANTON, François Noël BABEUF, Jean-Paul MARAT, Louis Antoine SAINT-JUST et d'autres encore, les valeurs civilisatrices, fondatrices de la République, devenues par la suite le patrimoine de l'humanité tout entière. Ainsi, il appartient à la France et en premier lieu à elle, de défendre ces valeurs et de prêcher par l'exemple et par la pratique, les Droits de l'Homme qu'elle a elle-même inventés. Au risque de voir ces droits ne devenir que de simples incantations et provoquer l'agonie du droit[1], son renoncement devant l'arbitraire. Autrement dit, si la France transige avec les valeurs qui ont longtemps bâti son histoire et sa réputation, alors elle ouvre la brèche à la banalisation de la xénophobie et à des excès de toutes sortes. Ce qui semble le cas depuis ces derniers temps où certains sons de cloche n'ont de cesse d'instrumentaliser l'opinion, exacerbant ainsi divers racismes. Alors que l'enjeu pour la République, est de réussir l'unité de toutes les composantes de cette France arc-en-ciel, multiple par sa diversité, par son histoire et par ses valeurs, fruit de l'intelligence de l'histoire.

---

[1] Cf. Jean ZIEGLER, L'Empire de la honte, Editions Fayard, 2005.

Enfin, j'écris ce livre parce qu'étant d'origine africaine, il est un devoir moral et intellectuel de participer, voire contribuer au débat sur une question aussi importante que l'immigration et de mettre sur la table de la discussion, des aspects jusqu'ici absents, soit parce qu'on ne les maîtrise pas tout à fait, soit parce qu'on les élude dans la rhétorique habituelle, alors qu'ils sont sinon autant importants, du moins incontournables pour répondre au problème de l'immigration, c'est-à-dire y apporter des réponses appropriées. En effet, ce qu'il convient de dire c'est que le débat sur l'immigration, tel qu'il est posé jusqu'ici en France est biaisé d'avance tant il se focalise sur le seul prisme de la lutte contre l'immigration clandestine et la maîtrise des flux migratoires et ne tient aucun compte des causes de l'immigration.

C'est pourquoi, dans la mesure où l'on ne traite le mal qu'en s'attaquant à sa racine, c'est-à-dire ses causes, le présent livre se propose de parler de l'immigration, mais autrement et sans détour et sans tabou.

INTRODUCTION

L'immigration ? Cette question qui divise le monde de nos jours. Alors que depuis la nuit des temps, les migrations ont toujours eu lieu et dans tous les sens. Aujourd'hui encore, personne ne peut dire sans être ridicule, que les ressortissants des pays riches n'immigrent jamais dans des pays du Sud, et notamment ceux d'Afrique. Combien de fois a-t-on entendu dire[2], que tel pays occidental a tant de ressortissants dans tel ou tel pays d'Afrique, et qu'il faut les rapatrier ? Au point que dans certains cas, si l'on s'intéressait à faire des ratios on peut arriver à des statistiques de 30 à 35% de ressortissants de pays occidentaux dans certains pays d'Afrique. Ce qui est sans aucune comparaison avec aucun de ces pays d'Afrique, qui peinent à atteindre les 10% de leurs ressortissants dans aucun pays occidental.

Dans tous les cas, certains pays occidentaux voient encore dans l'immigration une chance, une richesse voire un facteur de développement. C'est le cas notamment du Canada, de la Grande-Bretagne, des Etats-Unis d'Amérique, de l'Espagne et de l'Italie. La France, pour sa part, est désormais partagée entre d'une part, une attitude populiste, qui considère l'immigration comme une « invasion subie » et, d'autre part, les réalités démographique et sociale qui la contraignent à vouloir «choisir» ses immigrés pour palier à l'absence de main d'œuvre dans des secteurs qui, selon la loi SARKOZY de novembre 2006, sont : « caractérisés par des difficultés de recrutement[3]. »

---

[2] Souvent, hélas, lors des situations de crises comme, par exemple, celle du Rwanda en 1994 ou encore celle de la Côte d'Ivoire en 2004.
[3] Selon les termes de la loi de juillet 2006. Il s'agit des secteurs peu attractifs pour les Français –dits de « souche »- dans lesquels le travail se caractérise par la pénibilité. C'est le cas notamment des secteurs comme : le Bâtiment et les travaux publics ou les vendanges.

Cette évolution paraît aujourd'hui loufoque. Pourtant, c'est dès 1989 qu'on a vu arriver ce que Robert BADINTER appelait, dans les années quatre-vingt, la « lepénisation des esprits » En effet, tout avait commencé avec l'affaire du tchador islamique, c'est-à-dire le foulard que les trois jeunes filles d'un Collège de Creil portaient. Cette date marque un tournant dans l'histoire de la France, s'agissant de l'approche de l'immigration à travers le discours de certains hommes politiques[4] membres des partis républicains. En effet, depuis 1989, le thème de l'immigration a souvent nourri, de manière récurrente voire permanente, le débat politique pour ne pas dire un certain abattage médiatique. Mais l'immigration tend à ne plus être, comme il y a encore quelques années, une pomme de discorde entre certains partis politiques et le Front National qui en faisait sa raison-même d'existence, autrement dit son fonds de commerce. Et, progressivement, par petites touches, certains partis politiques républicains se sont laissés tentés et ont dû se convertir aux idées et thèses xénophobes qui étaient, jusqu'ici, la caractéristique du Front National et de son leader dont les idées fascistes font légende depuis les années soixante-dix. L'immigration est désormais devenue le thème qui semble assurer le plein de voix à des candidats à différentes échéances électorales. Et, certains n'hésitent pas à surenchérir. Obligeant ainsi le Front National à se partager désormais la vedette avec les nouveaux convertis des partis politiques, dans la défense de identité nationale considérée, non sans fantasmagorie, comme menacée par « l'immigration subie » de plus en plus envahissante.

---

[4] Aujourd'hui plus qu'hier, certains hommes politiques font de la question de l'immigration un moyen de conquête du pouvoir. Et, ils n'hésitent pas à faire des immigrés, les boucs émissaires et les souffre-douleur d'une certaine incapacité de certains à satisfaire les attentes des populations.

Ainsi, c'est aujourd'hui un fait : le discours de banalisation des fantasmes sur l'immigration[5], la stigmatisation des immigrés a, depuis, fait son entrée au Panthéon des lois de la République, en particulier depuis 2002. Et, ce qui paraît imprudent dans cette approche, c'est moins sa brutalité quasi-naïve que le fait de faire fi de ce que l'immigration choisie est une vieille pratique ! En effet, si l'immigration « choisie » s'entend dans le fait de vouloir, de « choisir », c'est-à-dire de décider de quand, comment on peut faire venir des étrangers afin de répondre à un besoin en main d'œuvre, cela n'est nullement un scoop ! Car, hormis la période de l'esclavage ou de la traite négrière[6], la pratique du choix de l'immigration remonte à la fin du XIXè siècle, à la suite de la révolution industrielle. Et depuis, la France n'a eu de cesse de recourir à l'immigration choisie, soit pour faire face aux guerres dans lesquelles elle était engagée, soit pour reconstruire le pays notamment après la seconde guerre mondiale. Ce qui, tout bien considéré, conduit à dire que le problème s'est posé dès cette période où les Français venus des Antilles, du Maghreb et d'Afrique Noire n'ont pas été accueillis et acceptés comme des Français à part entière par les autres Français, c'est-à-dire leurs compatriotes de la métropole. Quand bien même, il faut le souligner, la plupart de ces travailleurs migrants[7] étaient des Français. A ce titre, ils jouissaient des-mêmes droits que leurs compatriotes. Les autres « travailleurs migrants » sont devenus par la suite des Français, à partir de la loi Lamine GUEYE[8] du 6 mai 1946, qui reconnaissait et généralisait la nationalité française à tous les ressortissants des territoires de

---

[5] Présentée comme quelque chose d'étrange, c'est-à-dire d'épouvantable, de louche, d'incompréhensible et de monstrueux.
[6] Pendant laquelle on choisissait des esclaves en fonction d'un certain nombre de critères bien précis : la jeunesse, la robustesse, l'état de santé...
[7] Comme on les appelait dans les années post seconde guerre mondiale.
[8] Lamine GUEYE fut élu dès novembre 1945 à l'assemblée Constituante Française, par le premier Collège du Sénégal, composé d'Européens et de quelques « Evolués » africains.

l'Empire français. C'est autant dire si, dès le départ, il y a un problème sémantique qui s'était posé. Car, selon le Larousse, l'immigré c'est celui qui immigre. Et, le verbe immigrer vient du terme latin « immigrare », qui signifie venir se fixer dans un pays étranger au sien. Ce qui n'était pas le cas des milliers de Français venus du Maghreb[9], des Antilles Françaises et d'Afrique Noire[10] et qui, au lieu d'être traités comme des Français à part entière, ont été plutôt considérés comme des travailleurs migrants. Ce qui était une manière de discriminer ces Français pas comme les autres.

D'un autre côté, la Charte des Nations Unies du 24 octobre 1945 avait posé comme « *missions sacrées* » d'une part :

1- « l'obligation de favoriser le développement et la prospérité des pays colonisés, et de reconnaître le principe de la primauté des intérêts des habitants de ces territoriales », et d'autre part :

2- la mise en place des « conditions de stabilité et de bien-être nécessaires pour assurer [...] des relations [...] fondées sur le respect du principe de l'égalité des droits des peuples et de leur droit à disposer d'eux-mêmes. »

Ces principes de la Charte des Nations Unies avaient été repris et entérinés dans le Préambule Constitutionnel du 27 octobre 1946. Mais, le moins que l'on puisse dire est qu'à l'instar de la plupart des lois, ces principes servent de simple ornement, de décor, voire de décorum de façade. D'autant que les intérêts et le développement de la France ont toujours été prioritaires par rapport aux intérêts des pays africains. Et, le moins qu'on puisse dire est que, depuis la fin des années

---

[9] Comme par exemple, l'Algérie, le Maroc ou la Tunisie.
[10] Sénégal, Togo, Mali, Congo, Cameroun, Gabon, Centrafrique, etc.

cinquante, le développement[11] de la France s'est toujours fait au détriment des pays africains. Au point que le postulat mis en place par Jacques FOCCART, selon lequel : « Tout ce qui est bon pour la France est bon pour l'Afrique » n'a qu'un effet unilatéral. Car, l'Afrique s'est plutôt ruinée au nom de ce postulat entretenu par les différents et successifs réseaux de la FRANÇAFRIQUE.

Ainsi, différents mécanismes mis en place pendant la période coloniale n'ont pas été, malheureusement, modifiés lors des indépendances. De sorte que, loin de permettre le respect des principes de la Charte des Nations Unies et du Préambule de la Constitution du 27 octobre 1946 et d'atteindre les objectifs fixés, ces mécanismes ont plutôt plombé les économies des pays africains et verrouillé leurs velléités de développement.

Ce qui a d'énormes conséquences tant ces pays connaissent un sous-développement accéléré et croissant. Le résultat est que les populations de ces pays sont affamées, asphyxiées et condamnées ainsi à l'exil forcé. Ce qui explique l'émergence d'une nouvelle immigration depuis la fin des années quatre-vingt et début des années quatre-vingt-dix : l'immigration provoquée à la fois par le pillage systématique de plus en plus vorace des ressources et des matières premières des pays d'Afrique, ainsi que par des guerres économiques[12] qui sont le corollaire des différents enjeux économiques, géopolitiques et géostratégiques des pays occidentaux.

---

[11] Cela, hormis la période de la colonisation qui a duré près d'un siècle.
[12] Souvent présentées comme des guerres civiles, alors qu'elles sont, en fait, des guerres de troisième génération, c'est-à-dire celles dont la réalité repose sur le contrôle des ressources et matières premières.

Car, pour ces pays en général et pour la France en particulier, il a toujours été préférable de voir maintenus à la tête des pays africains, des régimes kleptocratiques et des dictatures, plus susceptibles de leur garantir la mainmise, la main basse sur les ressources et matières premières des pays africains, que de voir arriver au pouvoir des dirigeants politiques plus enclins à remettre en question le statu quo en place depuis la période coloniale et sans cesse entretenu depuis. Tant pis si celui-ci inflige d'atroces souffrances. Ce qui compte et ce qui est essentiel est que les intérêts soient assurés, garantis.

Force est de constater que, dans le même temps, des milliers de familles africaines sont, chaque jour, endeuillées par la perte des membres de leurs familles qui viennent mourir au large des côtes européennes. Et, l'occident en général et la France, en particulier, se contentent de compatir et de verser des larmes de crocodile, tout en faisant preuve de cynisme au désastre économique et humain d'un continent dans lequel les différentes sociétés et multinationales continuent à engranger d'énormes profits et à jouir du monopole. Et, lorsqu'il s'agit de traiter, c'est-à-dire rechercher des solutions à la question de l'immigration, les seules mesures préconisées se résument et se réduisent, peu ou prou, à ériger des fortifications, afin d'éviter l'entrée ainsi que le séjour d'étrangers en France. Alors qu'il faut éradiquer le mal en traitant ses causes. En d'autres termes, il faut couper le cordon colonial ainsi que tous les mécanismes en place depuis la colonisation et qui sont sans cesse renouvelés et entretenus. Ce qu'il faudrait, c'est permettre aux pays d'Afrique d'accéder à l'exercice de leur pleine souveraineté, de disposer de leurs ressources et matières premières et de décider, en toute liberté, de leur sort sans qu'il y ait d'ingérence extérieure. Autrement dit, il faut substituer à l'approche à la fois paternaliste et expropriatrice, une véritable coopération fondée sur l'égalité de facto et non plus sur des principes et des lois qui sont rarement appliqués.

C'est le seul credo pour ces pays d'Afrique, susceptible de leur permettre de se développer et, partant, d'assurer le bien être de leurs populations, seul gage de leur sédentarisation.

Au demeurant, la question de l'immigration est intimement liée à l'histoire politique et sociale de la France, ainsi qu'à ses relations économiques. Chercher à trouver des solutions au problème de l'immigration apparaît indiscutablement une démarche légitime. Encore faut-il qu'on ait fait un diagnostic aussi exhaustif que possible des causes à traiter, auxquelles apporter des réponses précises. Car, des réponses appropriées aux causes dépendent les solutions efficaces au problème. Ne dit-on pas que le mal se traite à la racine ?

Or, cette racine semble encore entourée de nombreux tabous. Et, le discours politique ambiant sur la question se focalise de manière résolue, obstinée mais aussi univoque, sur le contrôle des flux migratoires et la lutte contre l'immigration illégale. Ce qui occulte la face cachée de l'immigration, celle de la mainmise sur les ressources et les matières premières, c'est-à-dire de la dilapidation des richesses des pays africains et de l'imposition des mécanismes contraignant les pays d'Afrique dans la pauvreté et le sous-développement. Sans oublier le contrôle sur les économies de ces pays au travers de la Zone Franc étroitement contrôlée par la Banque de France, ainsi que les mécanismes d'aide des institutions internationales, qui ne sont en réalité que des simples artifices permettant aux pays occidentaux et leurs sociétés multinationales, de faire main basse sur des pans entiers les plus rentables et les plus productifs de l'économie des pays africains.

Dès lors, le moins qu'on puisse dire est que la France vers laquelle les populations de ces pays se tournent en raison, entre-autres des liens historiques, a tendance à tourner le dos à son histoire[13] et à n'assumer sa part de responsabilité dans la faillite économique des pays d'Afrique. Elle préfère ainsi adopter des lois tout autant restrictives des droits de l'homme et des libertés fondamentales que régressives. Ce qui a opéré un certain déplacement de la problématique de l'immigration du champ[14] social et économique où elle a longtemps été, à celui politique, voire politicien. Car, jusque-ici, en dehors de la période du gouvernement de Vichy, l'évolution législative et réglementaire en matière du droit des étrangers en France s'est faite, depuis le XIXè siècle, sans instrumentalisation et stigmatisation comme c'est devenu le cas depuis ces quinze dernières années. Ce qui ne semble pas augurer d'un espoir de voir un consensus politique indispensable sur une question aussi importante que l'immigration. Celle-ci étant réduite à un simple enjeu électoraliste, une épouvante qu'on agite à l'approche des échéances électorales.

---

[13] Sans la solder complètement en faisant un bilan critique de son action.
[14] En effet, l'immigration a longtemps été une affaire du ministère du travail et des affaires sociales avant de passer au Ministère de l'intérieur.

CHAPITRE PREMIER

L'INFLATION LÉGISLATIVE ET RÉGLEMENTAIRE EN MATIÈRE DU DROIT DES ÉTRANGERS DEPUIS LA FIN DU XIX è SIÈCLE

> *« Nous querellons les malheureux pour nous dispenser de les plaindre »*
>
> *VEAUVENARGUES.*

L'évolution de la législation et de la réglementation sur le droit des étrangers en France, permet de constater que depuis 1901 jusqu'à la dernière loi SARKOZY de novembre 2006, il n'y a pas moins de 230 lois et règlements qui ont été pris en matière d'immigration. Si cette surenchère a commencé à la fin des années soixante, elle frôle la frénésie depuis le début des années quatre-vingt, tant la moyenne est d'environ une loi par année, sans compter les différents règlements.

I.

LA FRANCE, PAYS « D'IMMIGRATION CHOISIE » DÈS LA FIN DU XIXè SIÈCLE

Après la révolution industrielle des années 1880, alors que les autres pays développés de l'époque, à l'instar de la Grande Bretagne ou de l'Allemagne, disposent d'une main d'œuvre suffisante pour faire face à la situation, la France qui était la troisième puissance à cette époque, manque d'hommes pour faire fonctionner son économie. Il avait fallu recourir à l'immigration « choisie » pour palier à cette carence de main d'œuvre. Ce qui explique les premières vagues d'immigration en provenance d'Espagne, du Portugal, de l'Italie ou encore de la Belgique et même de la Suisse.

Au plan législatif et réglementaire, pendant la période qui va de 1901 à 1917, une simple déclaration à la mairie de leur résidence suffisait aux étrangers pour s'établir en France et y travailler. Et, c'est le 2 avril 1917 qu'un Décret institue pour la première fois, une carte de Séjour pour les étrangers.

Mais, l'accession au pouvoir des dictatures européennes[15] et les guerres civiles[16] qui en découlaient, avaient provoqué des vagues d'immigration politique en France. Cette immigration se caractérisait par une variété. Elle concernait, en effet, à la fois les Polonais, les Tchécoslovaques[17], les Hongrois, ainsi que les Portugais et les Espagnols. Et, cette immigration était justifiée par des raisons politiques, ethniques ou religieuses.

Toutefois, l'organisation et le recrutement d'immigrés sont confiés à la Société Générale d'Immigration (S.G.I), créée dès 1924 et composée d'organismes spécialisés du patronat.

Mais, si la crise économique provoquée par le crash boursier de 1929 avait conduit à prendre certaines mesures en vue de réajuster les modalités. Et, elle n'avait pour autant, nullement remis en question les flux des réfugiés espagnols et européens en France. Pas plus que la loi du 10 août 1932 qui avait institué, pour la première fois, la préférence française dans l'industrie, en fixant des quotas pour les ouvriers étrangers, n'avait remis en question le principe de l'immigration.

---

[15] Avec l'Italie de Benito MUSSOLINI (1922), le Portugal d'Antonio SALAZAR (1932), l'Allemagne d'Adolf HITLER (1933) et l'Espagne de Francisco de BAHAMONDE, FRANCO (à partir de 1936).
[16] En particulier celle d'Espagne qui a duré de 1936 à 1939.
[17] Comme on les appelait à l'époque.

Quant à la loi dite ARMBRUSTER d'avril 1933, elle se borne à restreindre l'exercice de la médecine aux seuls français titulaires d'un doctorat en médecine. Pendant que les étrangers titulaires du même diplôme de médecine se voient interdire l'exercice de la profession de médecin, de s'installer comme tel. En revanche, ils sont autorisés à pratiquer[18] leur art dans des hôpitaux et des cliniques, notamment pour assurer les gardes.

En juin 1934, les avocats fortement représentés au Parlement, votent une loi interdisant l'inscription des français naturalisés à un barreau français, pour une durée d'au moins dix ans.

Mais, toutes ces lois ne dénoncent nullement l'immigration. Au point qu'avec la victoire de la S.F.I.O de Léon BLUM lors des élections législatives du 26 avril et du 3 mai 1936, cette politique recevra une sorte d'onction. D'autant que, le gouvernement de Léon BLUM, mis en place le 4 juin 1936 s'appliquera, de façon assez singulière, à ne prendre aucune loi ni aucun règlement en matière d'immigration. Et pourtant, le moins qu'on puisse dire est qu'en 1936, les Français doutent d'eux-mêmes et de la capacité des hommes politiques à donner un souffle à leur pays. Mais, parmi les réformes que le gouvernement de Léon BLUM va prendre, pendant les cents jours qui ont changé la vie politique et sociale de la France, aucune ne concerne ni les conditions d'entrée, ni les conditions de séjour d'étrangers sur le territoire national. Le Front Populaire s'était contenté d'appliquer et d'interpréter les lois existantes en matière d'immigration.

---

[18] Et, aujourd'hui encore, les revendications et les manifestations des médecins d'origine étrangère montrent que les choses ne semblent pas avoir changé depuis cette époque.

Et, jusqu'en 1939, des mesures libérales vont être appliquées, sans que les différents responsables politiques ne remettent en question l'hospitalité dont la France avait toujours fait preuve. Ainsi, un simple arrêté ou un accord de l'inspection du travail suffisait pour qu'une entreprise obtienne de la part de cette inspection, une dérogation aux quotas d'emploi des étrangers. Dans le même temps, les naturalisations étaient facilitées. Mais, avec l'arrivée de PÉTAIN au pouvoir, une parenthèse historique, caractérisée par la chasse aux étrangers en général et des juifs en particulier, devait s'ouvrir.

II.

LA PARENTHÈSE HISTORIQUE DE L'IMMIGRATION EN RAISON DE LA CHASSE AUX ÉTRANGERS PENDANT LE RÉGIME DE VICHY

Sous le régime de VICHY, la chasse à l'étranger est érigée en un système politique. En effet, après la rupture du Front Populaire en 1938, PÉTAIN est appelé au gouvernement le 18 mai 1939. Le 16 juin 1939, il est nommé Président du Conseil. Le 22 juin 1939, c'est-à-dire six jours seulement après son accession à la Présidence du Conseil, il signe l'Armistice avec l'Allemagne nazie, capitulant ainsi devant l'ennemi. En effet, suite au vote de l'assemblée nationale, Philippe PÉTAIN devient chef de l'Etat français en juillet 1939. Et, le régime nationaliste qu'il instaure opte pour devise : « Travail, Famille, Patrie. » Puis, très vite, il affiche sa xénophobie vis-à-vis de tous les étrangers en France, ainsi que son antisémitisme à l'égard des Juifs. Une première loi est prise le 27 septembre 1940. Cette loi concerne les étrangers non Juifs, qui sont selon la formule même de la loi : « sont en surnombre dans l'économie nationale. » Ainsi, la « préférence nationale » est instituée comme la règle. Le 4 octobre 1940, une deuxième loi est prise. Cette loi concerne « les ressortissants étrangers de race juive. » Ceux-ci sont mis au ban de la société française tout entière. Car, cette loi du 4 octobre 1940 crée un Commissariat Général aux Affaires Juives, qui sera ainsi chargé d'organiser sur : « décision du préfet du département » les rafles des juifs, les coups de filet, c'est-à-dire la chasse aux juifs. De même, la loi d'octobre 1940 organise un régime d'internement des étrangers et des juifs, dans des camps spéciaux. La suite, ce sont les horreurs qui ont suivi et les camps de concentration.

Par ailleurs, dans la loi du 4 octobre 1940, il était prévu toute une série de sanctions contre toute personne susceptible d'aider ou d'héberger un étranger et notamment un juif. De fait, les étrangers étaient assignés à résidence et surveillés étroitement. Ainsi, ils étaient privés de tous les droits...

III.

LE RECOURS À L'IMMIGRATION DU TRAVAIL EN VUE DE RECONSTRUIRE LE PAYS DÉTRUIT PENDANT LA SECONDE GUERRE

Les circonstances de la seconde guerre et notamment l'appel du 18 juin 1940, par lequel le Général de GAULLE exhorte la France libre à poursuivre la guerre, nécessitaient le recours à une immigration qu'il convient d'appeler immigration « de guerre. » En effet, dès le début de la guerre, la France est occupée. Devant la capitulation de PÉTAIN face à l'ennemi, la stratégie du Général de GAULLE consistait à se replier, à s'appuyer sur l'Empire colonial. Celui-ci était composé des colonies françaises des Antilles et surtout d'Afrique. Car, ici, de GAULLE savait qu'il pouvait s'appuyer sur les colonies d'Afrique Orientale Française, avec pour capitale Dakar (au

Sénégal), et sur celles d'Afrique Equatoriale Française (AEF) dont la capitale était Brazzaville (au Congo).

Et, le moins qu'on puisse dire est que c'est cette stratégie qui devait sauver la France cinq ans plus tard. En effet, en 1940, le général LEGENTILHOMME, en poste à Djibouti, s'allie à PÉTAIN. Ce qui avait eu pour conséquence la tentation de basculement de l'A.O.F dans le camp de VICHY. Ce qui va provoquer la perte d'un navire britannique, le Somalilande, pendant la semaine dite des « dupes[19] », au large de Dakar, le 23 septembre 1940. Cette perte inflige un revers au premier plan Anglo-Français, baptisé le « Plan Happy[20] ».

Mais, ce qui n'était qu'une partie remise, puisque l'AOF s'est jointe, par la suite, à la France Libre et son apport ainsi que son rôle ont été déterminants dans diverses conquêtes.

---

[19] Celle qui va du 14 au 21 juillet 1940.
[20] Qui est la première opération d'envergure de la France Libre.

Ainsi, pendant les atermoiements de l'AOF, à Brazzaville, devenue Capitale de la France Libre dès août 1940, les Forces françaises Libres (FFL) sont créées. Le Cameroun, en dépit de ses spécificités[21], est un des premiers pays à se rallier à la France Libre. Seul le Gabon manquera à l'appel pendant les premiers mois de la dynamique de ralliement à la France. En effet, conseillé par l'Evêque TARDY, le Gouverneur de la France à Libreville, MASSON, fait défection au Général de GAULLE qu'il avait, pourtant, soutenu auparavant. Il avait fallu plusieurs mois de rudes combats contre les bâtiments du Gouvernement de Vichy, au large des côtes gabonaises, pour que le Gabon se rallie à la France Libre et à la 2ème Division Blindée de Philippe de HAUTCLOQUE, dit Leclerc.

Et, cette 2ème D.B, composée des congolais, des camerounais, des gabonais, des centrafricains, des tchadiens, puis au fur et à mesure qu'elle avançait, des sénégalais, maliens, togolais, etc. devait traverser des forêts, des steppes, des savanes et le désert africain, pour participer à la libération de la France, de la Mère Patrie. Et, la première victoire de la Colonne Leclerc

---

[21] Il convient de rappeler que le Cameroun était une colonie allemande dès 1884, à la suite de la signature d'un traité entre le Roi de BELL et Gustav NATCTIGAL. Un accord Germano-français de 1911 étend même les possessions allemandes à certains territoires de l'Afrique Equatoriale Française. Et, c'est seulement après la seconde guerre mondiale –pendant laquelle le Cameroun sera conquis par les Britanniques et les Français– que la colonie allemande fut partagée par la Société Des Nations (SDN), en deux territoires confiés à la France et à la Grande Bretagne. Mais, jusqu'à la seconde guerre, la partie Nord-Ouest du Cameroun a continué à exister sous le giron Germanique. Et, à la libération, cette partie sera sous tutelle de l'ONU. D'où le partage entre le Sud du Cameroun qui sera français et le Nord qui sera colonie britannique, jusqu'au référendum d'autodétermination, organisé en 1961, qui verra la partie plus au Nord du Cameroun rejoindre le Nigeria, tandis que l'autre va rejoindre la République du Cameroun qui avait déjà accepté l'indépendance octroyée par le Général de GAULLE et donc par la France, le 1er janvier 1960.

avait été acquise en Libye[22], contre le Corps expéditionnaire allemand, dirigé par un certain Maréchal Erwin Rommel. Cette victoire avait inauguré une série d'autres en Egypte, à Marseille, à Toulon… et à Paris où les troupes de LECLERC avaient pris une part très active à la libération de la Capitale française. Ce qui montre, l'ardent attachement des Africains aux idéaux de la Nation Française, et leur dévouement à la Mère Patrie pour laquelle ils n'ont pas hésité, un seul instant, à se lever comme un seul homme et à payer au prix de leur sang et de leur vie, la libération de leur Patrie, la France[23].

Toutefois, à la fin de la seconde guerre mondiale, le recours à l'immigration est justifié par deux facteurs : d'une part, la reconnaissance de l'effort de guerre et de la participation des populations des territoires d'outre-mer[24] et, d'autre part, le déficit de main d'œuvre pour faire face à la reconstruction du pays qui gisait sous les décombres causés par la guerre.

Ainsi, une Ordonnance est prise le 18 octobre 1945 pour fixer un cadre juridique à cette volonté de reconstruction du pays. Cette Ordonnance du 18 octobre 1945 confie à l'Office[25] National d'Immigration, à la fois les pouvoirs d'organisation et de recrutement de la main-d'œuvre étrangère[26]. Ce qui permettait aux pouvoirs publics, de se donner les moyens de tourner la page du Gouvernement de Vichy, pendant laquelle les chefs d'entreprises, regroupés au sein de la « société générale d'immigration », s'étaient substitués à l'Etat. Alors qu'avec cette Ordonnance d'octobre 1945, l'Etat se dotait des

---

[22] Alors alliée de l'Italie de Mussolini.
[23] Cela est vrai pour la seconde guerre, mais également vrai lors de la première guerre ainsi que tous les autres conflits dans lesquels la France était partie comme la guerre d'Indochine et celle d'Algérie.
[24] Avant la décolonisation, les territoires d'Outre-Mer comprenaient à la fois les pays d'Afrique et les Antilles françaises.
[25] Qui est l'ancêtre de l'actuel Office des Migrations Internationales.
[26] C'est-à-dire le recrutement, l'entrée et le séjour des étrangers.

moyens de pratiquer librement sa politique d'immigration. D'autre part, le 2 novembre 1945, une seconde Ordonnance sera prise. Cette Ordonnance porte sur les conditions d'entrée et de séjour d'étrangers en France. Cette Ordonnance avait institué trois nouvelles cartes de séjour dont les durées étaient variables : un an, trois ans et cinq ans. En plus de ces trois cartes de séjour, l'Ordonnance du 2 novembre 1945 prévoyait l'immigration des familles, afin de répondre à la question ou au déficit démographique qui se posait avec acuité. Ainsi, cette Ordonnance du 2 novembre 1945 rendra possible la loi Lamine GUEYE[27] votée le 6 mai 1946, laquelle reconnaissait et généralisait la nationalité française aux ressortissants des territoires de l'Empire français.

Néanmoins, un événement viendra accélérer l'immigration du travail. Le 25 juin 1947, le Général George MARSHALL, secrétaire d'Etat américain et conseiller du Président Harry TRUMAN, propose dans un discours prononcé à l'Université de HARVARD, un plan visant à aider à la reconstruction et au redressement économique de l'Europe : « The European Recovery Program. » Par la suite, une Conférence se tient à Paris, le 12 juillet 1947. Celle-ci porte sur la coopération économique et réunit seize pays[28] d'Europe occidentale. Ces pays fixent un programme de redressement dont la durée tient sur quatre ans et, ils font une estimation des besoins. Et, l'aide américaine déjà votée par le Congrès s'élève à environ treize milliards de dollars de l'époque, c'est-à-dire plus de cent-soixante dix milliards de dollars actuels, et se présente sous forme de dons jusqu'à hauteur de 90%. Cette aide aura

---

[27] L'auteur de cette loi, Lamine GUEYE est un avocat Sénégalais, Wolof et Musulman. Elu en novembre 1945 à l'Assemblée Constituante, par ses pairs du premier Collège. Il devient par la suite, Secrétaire d'État à la Présidence du Conseil de Léon BLUM, en décembre 1946.

[28] L'Autriche, la Belgique, le Danemark, la France, la Grèce, l'Irlande, l'Islande, l'Italie, le Luxembourg, la Norvège, les Pays-Bas, le Portugal, le Royaume-Uni, la Suède, la Suisse et la Turquie.

indéniablement un effet accélérateur sur les contingents en provenance d'Afrique, du Maghreb et des Antilles[29]. Mais, il convient de souligner que ces hommes qu'on qualifiait de « travailleurs migrants » étaient dans leur immense majorité, des citoyens français à part entière. C'est autant dire si la République avait crée, dès cette époque déjà, un précédent, en n'assumant pas la vérité historique et légale. On peut penser que, si les pouvoirs publics avaient fait un effort pédagogique en présentant ces travailleurs comme des français à part entière, peut-être auraient-ils été accueillis autrement, c'est-à-dire différemment.

Or, on sait que ces « travailleurs migrants », non seulement ont été accueillis, dans des conditions qui contrastent de loin avec l'accueil enthousiaste réservé aux reptiles, éléphants et autres bestiaux qu'on fait venir d'Afrique pour agrémenter différents parcs zoologiques occidentaux, mais également ils ont souvent été discriminés dans maintes situations. Et, le temps qui s'est écoulé ne semble pas avoir changé quelque chose à leur situation, à leur sort. Ces Français pas comme les autres ont du mal à être reconnus comme des Français à part entière, ayant les mêmes droits que les autres.

---

[29] Ce qui avait conduit Aimé CÉSAIRE, Poète et co-fondateur de la Négritude, à dénoncer ces migrations massives, en les qualifiant de « *déportations par substitution*. »

Mais, cette sorte de déni de citoyenneté émane de ceux qui sont en butte avec le suffrage universel. Car, le moins qu'on puisse dire est que la surenchère sur l'immigration résulte moins du simple citoyen que de quelques hommes politiques en mal de légitimité et d'imagination de l'offre politique.

Ainsi, alors qu'on aurait pu penser que plus d'un demi-siècle après ces « Français à part », ainsi que leurs enfants et petits-enfants, seraient déjà intégrés, c'est-à-dire acceptés[30] par la République, on constate qu'ils sont encore considérés comme des étrangers dans leur pays, la France. Concentrés dans des banlieues ghettos qui sont des zones sans droits, ces éternels immigrés n'aspirent qu'à une chose : sortir du désœuvrement dans lequel la République les condamnés depuis plusieurs décennies années maintenant.

D'autre part, en dehors du plan Marshall, un autre facteur va avoir un impact sur l'immigration : la guerre d'Algérie qui commence en 1954 et se termine avec les accords d'Evian en 1962. Cette guerre avait provoqué des migrations importantes à la fois des Français d'Algérie[31], mais aussi des Harkis[32] qui étaient également du voyage. Ce qui n'arrangeait pas ainsi les affaires du pays. Car, le choc pétrolier de 1973 devait avoir des conséquences sur le plein emploi qui avait jusque-là, marqué les « trente glorieuses. »

---

[30] L'intégration est, en effet, une question d'acceptation de l'autre par autrui : acceptation des différences d'origine de l'autre, de sa couleur de peau, de sa religion, etc. Et, cette acceptation doit être de jure, c'est-à-dire de droit et de facto, autrement dit dans les faits.
[31] Parmi eux, les « Pieds-noirs », c'est-à-dire les Français nés en Algérie.
[32] C'est-à-dire les Algériens qui avaient choisi de combattre aux côtés de l'Armée française.

IV.

LA TENTATION DE REMISE EN QUESTION DE L'IMMIGRATION CHOISIE À LA FIN DES « TRENTE GLORIEUSES[33] »

C'est à partir de la fin des années 1960, début des années 1970, que la « maîtrise des flux migratoires » commence à devenir une préoccupation pour les pouvoirs publics. Cela, à mesure que la situation économique se dégradait et que le chômage prenait une certaine ampleur. En effet, le 29 juillet 1968, une Circulaire sera prise pour supprimer la procédure de régularisation pour les travailleurs non qualifiés, issus de certains pays d'Afrique, mais également les Portugais et les Espagnoles. Dans le même temps, la France signe un accord, en décembre 1968, avec l'Algérie[34] indépendante, portant sur l'introduction d'un contingent de travailleurs algériens.

Toujours est-il que, l'année 1972 marquait la fin des trente glorieuses. En effet, le 23 février 1972, FONTANET qui était Ministre de l'intérieur, avait pris une Circulaire pour mettre fin aux régularisations d'étrangers. Le 15 septembre 1972, une autre Circulaire est signée par le même auteur, devenu Ministre du travail et des affaires sociales. Cette dernière Circulaire pose la condition d'emploi à l'octroi du titre de séjour. Autrement dit, l'obtention ou le maintien d'un titre de séjour est conditionné à l'exercice d'un emploi ; le travailleur étranger qui perd son emploi se voit retirer systématiquement son titre de séjour.

---

[33] Les « Trente glorieuses » sont les trente années qui vont de la fin de la seconde guerre au début des années 70, pendant lesquelles la France s'était développée et connaissait le plein emploi.
[34] Devenue indépendante.

Et, les travailleurs étrangers contestent cette réglementation et entament des grèves de la faim un peu partout en France. Ces manifestations vont se radicaliser et durer de novembre 1972 jusqu'en juin 1973. En réponse à ces grèves, une Circulaire est prise le 14 juin 1973, par GORSE, le nouveau Ministre du travail. Cette nouvelle Circulaire prévoit la possibilité pour les travailleurs clandestins, entrés en France avant le 1er juin 1973, d'être régularisés. Mais, cette opération de régularisation sera prévue pour dure au plus tard jusqu'au 30 septembre 1973.

Mais, il n'en reste pas moins qu'après le coup d'arrêt de la procédure de régularisation donné en 1972 par les Circulaires FONTANET[35], le recours à l'immigration sera stoppé en 1974. De même, la liberté d'établissement dont jouissaient, jusque-ici, les ressortissants des pays Africains qui avaient accédé entre-temps à l'indépendance[36], sera progressivement mais inexorablement, remise en question.

En effet, en mai 1974, Valéry Giscard d'ESTAING est élu Président de la République. Sa politique d'immigration se définit par un arrêt de nouvelles vagues d'immigration ainsi qu'un contrôle rigoureux de l'entrée et du séjour d'étrangers sur le territoire national. Une série de circulaires et Décrets sont soit signés, soit modifiés pendant cette période. Des mesures d'encouragement aux retours volontaires d'immigrés dans leur pays sont prises. La fin des « trente glorieuses » ne tarde pas à se manifester au travers d'un train de mesures touchant les populations d'origine étrangère. Ainsi, la Circulaire GORSE de juin 1973, contestée par une partie de l'opinion, sera abrogée par une décision du Conseil d'Etat en

---

[35] Les deux Circulaires prises par Marcellin FONTANET, d'abord en tant que Ministre de l'Intérieur, puis Ministre du Travail.
[36] Les Algériens tout comme les travailleurs d'Afrique sub-saharienne.

date de juin 1974. Et, il sera mis en place, une politique de contrôle des flux migratoires.

Mais, la loi BONNET en date du 10 janvier 1980 va, pour la première fois, toucher à l'édifice juridique mis en place par l'ordonnance de 1945. Cette loi confère à l'administration, la possibilité de renvoyer les étrangers, en situation irrégulière, dans leur pays. Avec cette loi, le séjour irrégulier devient un motif d'expulsion, au même titre que les troubles à l'ordre public. Et, l'étranger expulsé peut être reconduit de force à la frontière ou être détenu dans un établissement pénitentiaire, s'il n'est pas en mesure de quitter immédiatement le territoire. C'est la première fois qu'apparaît la notion de la « rétention administrative. »

Et, le 5 juillet 1974, la tendance d'arrêter l'immigration prend une tournure drastique. En effet, le Secrétaire d'Etat aux travailleurs immigrés, André POSTEL-VINAY, propose au Gouvernement CHIRAC[37], de suspendre l'immigration des travailleurs ainsi que des familles. Cette décision concerne les pays d'origine : « autre que la Communauté européenne. »

En effet, si les ressortissants de la Communauté européenne continuent à immigrer, ceux venant notamment des pays du Maghreb et d'Afrique noire ne sont plus les bienvenus. Car, une « pause » est décidée. Et, lors du Conseil des Ministres du 9 octobre 1974, des orientations sont prises visant à privilégier l'insertion des populations immigrées. Un accent est mis sur l'accueil et le logement. Ensuite, des programmes d'alphabétisation, de formation professionnelle... sont mis en place. La loi du 10 juillet 1975 prévoit le vote des immigrés aux élections professionnelles.

---

[37] Alors Premier Ministre du Président Valéry GISCARD D'ESTAING.

Mais, en 1977, une nouvelle aide au retour des immigrés dans leur pays, est mise en place par le Gouvernement. Le montant de cette aide dite le « Million STOLERU » s'élève à 10.000 francs français, soit l'équivalent d'environ 1.500 euros de nos jours. Et en 1978, des retours organisés et forcés sont mis en place. Ce sont les premières expulsions. Celles-ci concernent des étrangers vivant en France, pour la plupart d'entre eux, depuis au moins dix ans ou plus. L'objectif était de rapatrier 500.000 étrangers, dont une majorité de ressortissants du Maghreb et d'Afrique Noire.

Par la suite, la tendance à expulser les immigrés prendra une autre tournure avec la loi BONNET du 10 janvier 1980. Cette loi modifie l'Ordonnance du 2 novembre 1945 sur l'entrée et le séjour d'étrangers en France. Elle consacre la prévention de l'immigration clandestine et durcit les conditions d'entrée sur le territoire français. D'autre part, la loi BONNET fait du séjour irrégulier, un motif d'expulsion au même titre que les actes criminels ou bien la menace à l'ordre public. Cette loi prévoit d'éloigner du territoire français, les clandestins ou même ceux dont le titre de séjour n'a pas été renouvelé. D'un autre côté, la loi du 10 janvier 1980 prévoit la reconduite des étrangers expulsés à la frontière et leur détention dans un établissement pénitentiaire. Cette détention est prévue pour un délai pouvant aller jusqu'à sept jours, si les personnes expulsées ne sont pas en mesure de quitter le territoire. Mais, à la suite d'une grève de la faim d'un pasteur protestant et d'un prêtre, en soutien d'un ressortissant algérien expulsé, le Ministre de l'Intérieur, Christian BONNET, annonce, le 29 avril 1980, la suspension des expulsions. Et cette suspension est prévue pour une durée de trois mois, le temps d'examiner la situation de chaque immigré.

Et, le 10 mai 1980, sur l'initiative de diverses organisations syndicales[38] et des associations de soutien aux travailleurs étrangers, une série de manifestations ont lieu un peu partout. Ces manifestations sont organisées pour dénoncer le projet STOLERU[39] concernant le renouvellement des cartes de séjour et de travail, et contre le projet d'Ornano concernant l'accès aux foyers collectifs et les limitations à l'inscription des étudiants étrangers dans des universités de France. Ainsi, devant ces manifestations, le ministre de l'intérieur, Lionel STOLÉRU déclare qu'il « n'est plus question d'accueillir un seul immigré en France.» Cette déclaration avait été jugée inopportune par les différentes organisations syndicales et les associations. D'où la radicalisation de la part de ces dernières dénonçant le caractère excessivement répressif de ces lois.

V.

LE QUITTE OU DOUBLE LÉGISLATIF ET RÉGLEMENTAIRE ENTRE LA GAUCHE ET LA DROITE

Environ deux semaines après son élection à la Présidence de la République, le 10 mai 1981, François MITTERRAND fait de l'immigration une des priorités de son Septennat. En effet, le 27 mai 1981, il demande à Gaston DEFERRE son Ministre de l'intérieur, de prendre une ribambelle de mesures urgentes en faveur des étrangers. Des instructions sont ainsi données aux Préfets pour suspendre les expulsions, mais également et surtout octroyer aux étrangers des autorisations provisoires de séjour. De sorte que, le 8 juillet 1981, lors de sa déclaration de politique générale à l'assemblée, Pierre MAUROY, le

---

[38] Du Parti Socialiste à la Ligue des Droits de l'Homme, en passant par le PSU ou encore la CFDT.
[39] Secrétaire d'Etat auprès du Ministre du travail, Chargé des travailleurs manuels et des immigrés.

Premier Ministre, engage sa responsabilité et celle de son gouvernement et demande le vote de confiance sur l'effort de solidarité à l'égard des travailleurs étrangers. Pour Pierre MAUROY, en effet, l'immigration trouve : « son cadre dans des accords bilatéraux dont la négociation doit être entreprise avec les différents pays concernés. »

C'est ainsi que, le 12 juillet 1981, Gaston DEFERRE, prend une Circulaire, qui assouplit assez nettement les conditions d'entrée et de séjour des étrangers en France et recommande de ne pas expulser les étrangers nés en France, ainsi que ceux entrés en France avant l'âge de dix ans. Puis, en août 1981, une Circulaire interministérielle est prise. Celle-ci précise les conditions de régularisation exceptionnelle en faveur des travailleurs clandestins et d'autres immigrés en situation de clandestinité. Cette régularisation est soumise à un ensemble de critères très précis. Parmi ces critères, la preuve fournie par les immigrés, de leur présence sur le territoire français avant le 1er janvier 1981 ; l'exercice par l'étranger d'une activité professionnelle stable d'une durée minimale d'un an ou encore l'occupation d'un logement conforme.

L'opération de régularisation prendra fin le 1er septembre 1982. Elle voit ainsi la régularisation de 105. 000 étrangers illégaux. Les 2 et 9 septembre 1981 sont examinés en Conseil des ministres, deux projets de loi portant respectivement sur les conditions d'entrée et de séjour en France et sur l'emploi des étrangers en situation irrégulière. Dans le même temps, un autre projet de loi garantissant la liberté d'association d'étrangers est adopté. De sorte que le 9 octobre 1981, une loi supprimant le régime dérogatoire[40] d'associations étrangères est votée. Alors que la loi du 27 octobre 1981 abroge les dispositions de la loi Bonnet et introduit dans l'Ordonnance,

---

[40] Institué par un Décret-loi en 1939 par PÉTAIN, lequel subordonnait la création d'association à l'autorisation du ministre de l'Intérieur.

un ensemble de garanties nouvelles en faveur des étrangers. Avec cette loi, l'expulsion ne peut désormais être prononcée que si l'étranger a été condamné à une peine au moins égale à un an de prison ferme. De même, les garanties de procédure de l'expulsion sont accrues. C'est ainsi que les étrangers en situation irrégulière ne sont plus reconduits à la frontière que sur la base d'un jugement, et non plus à la suite d'une simple décision administrative comme par le passé. S'agissant des enfants étrangers mineurs, ayant des attaches personnelles ou familiales sur le territoire français, ils ne peuvent plus être l'objet de mesures d'éloignement. C'est autant dire si la loi du 27 octobre 1981 prend, sur plusieurs points, le contre-pied de la loi BONNET. Les étrangers en situation irrégulière doivent désormais être présentés devant le juge, seul compétent pour décider, en fonction des éléments de la situation personnelle et professionnelle de chaque immigré. Désormais, donc, c'est au juge d'apprécier s'il prend une mesure de reconduite à la frontière. Enfin, l'expulsion est entourée de garanties accrues de procédure et de fond.

Toutefois, il n'en reste pas moins que, lorsque l'expulsion est justifiée par : « la nécessité impérieuse pour la sûreté de l'État ou pour la sécurité publique[41] » l'ensemble de ces garanties disparaît. Ce qui n'enlève, en rien, le mérite de ces lois et de cette orientation politique, conforme aux promesses du candidat MITTERAND lors de la campagne présidentielle de 1981. Cela d'autant que le 25 novembre 1981, le Premier Ministre, Pierre MAUROY, prend une Circulaire, supprimant le million STOLÉRU, c'est-à-dire le dispositif d'aide au retour de travailleurs ainsi que leurs familles dans leur pays

---

[41] Dans les faits, cette disposition censée garantir l'État contre les menaces liées à l'espionnage ou au terrorisme, a souvent été détournée de son objectif initial et utilisée pour expulser ceux des étrangers normalement protégés contre l'expulsion, lorsqu'ils étaient condamnés pour des crimes ou des délits d'une certaine gravité.

d'origine. Et, cette sorte de protection contre l'expulsion –eût-elle été temporaire voire provisoire- témoigne d'une certaine reconnaissance à l'égard de nombre de catégories d'étrangers, d'un véritable droit de séjourner sur le sol français.

Et, ce droit sera conforté par l'adoption de la loi du 17 juillet 1984. Cette loi innove, en instituant une nouvelle carte d'une durée plus importante : la Carte de Résident Français. Cette carte est, en fait, un titre unique de séjour et de travail, dont la validité est portée à dix ans. Cette carte accorde aux étrangers le droit d'exercer toute activité professionnelle de leur choix, sans qu'il soit nécessaire de produire en sus, une autorisation de travail. Cette carte est renouvelable de façon automatique. Ce qui confère à son titulaire un droit au séjour en France tant que son comportement et les conditions de son intégration le lui permettront. Ainsi, la carte de résident sera remise à tous les étrangers résidant en France, de manière régulière, depuis au moins trois ans au moment de la promulgation de la loi du 17 juillet 1984, ainsi qu'à ceux qui ont des attaches en France, soit en raison de l'ancienneté de leur séjour, soit en raison des liens familiaux qu'ils avaient noués.

Il convient de souligner que *la loi du 17 juillet 1984, est la seule de l'histoire de la République, sur l'immigration, à avoir recueilli l'unanimité des Députés à l'assemblée.*

Mais, parallèlement à l'adoption d'un train de mesures qui ont transformé, de manière sensible, la situation des étrangers en France, la gauche avait maintenu deux dispositions contestées de la loi BONNET : celle portant notamment sur l'exécution forcée des mesures d'expulsion à l'encontre des étrangers. Et, la seconde mesure concernant « la rétention d'étrangers en instance d'expulsion. » Ainsi, prenant à son compte l'objectif de fermeté à l'égard de l'immigration clandestine, François MITTERRAND et la gauche française n'avaient pas estimé opportun de laisser passer une si belle occasion de montrer à l'opinion, leur inflexibilité en matière d'immigration.

Dès lors, fermeté et ouverture devenaient conciliables pour la gauche. Selon l'expression de François MITTERRAND : « Il faut aborder avec ouverture et générosité, le problème de l'immigration[42]. » Ainsi, le Gouvernement avait-il pris, lors de son Conseil des ministres du 31 août 1983, une série de mesures de lutte contre l'immigration clandestine en vue de l'insertion des populations d'origine étrangère. Le contrôle systématique des clandestins ainsi que la lutte contre le travail dissimulé seront mis en place. Et, les sanctions sont prévues à l'encontre des employeurs véreux recourant à l'emploi des clandestins. La réduction du nombre de travailleurs saisonniers[43] est décidée.

Dans le même temps, les mesures d'obtention du titre de travail sont simplifiées. Mieux, les immigrés sont autorisés à participer à des délibérations au sein de la Commission nationale de la main d'œuvre étrangère. Sans oublier la mise en œuvre de divers moyens d'action scolaire, l'accès à la culturelle, à la formation professionnelle et à l'information... ou encore la résorption de l'habitat insalubre, la lutte contre l'intolérance, le racisme, la violence, etc.

---

[42] Déclaration de François MITTERRAND, lors de l'inauguration du Haut Conseil de la Population et de la Famille, le 25 octobre 1985.
[43] Mais, dans le même temps, il est prévu des dispositions particulières pour les ressortissants d'Algérie, de la Tunisie ou encore du Maroc.

Et, le 19 décembre 1985, le Ministre de l'éducation nationale, Jean-Pierre CHEVÈNEMENT, prend une série de mesures en faveur d'enfants issus de l'immigration. Le but était d'une part, d'intégrer environ 1. 082. 000 élèves, en favorisant la maîtrise de la langue française et, d'autre part, de permettre la présence d'une pluralité de communautés et de langues, en créant des « filières réussite » pouvant ouvrir sur des carrières à vocation internationale.

Mais, une série d'autres mesures sera mise en place. Et, ces mesures portaient, quant à elles, à la fois sur la surveillance de l'entrée sur le territoire national, la centralisation, c'est-à-dire le fichage des données, autrement dit les renseignements concernant les immigrés. L'accroissement des moyens de la police de l'air et des frontières et la possibilité de sanctionner des séjours irréguliers par une interdiction de retour sur le territoire français, compléteront la liste.

Mais, à y regarder de près, la méthode MITTERRAND de l'immigration s'appuie sur une certaine tolérance fictive, une humanisation factice. Car, cette méthode n'est, en fait, qu'un durcissement déguisé. Et, le mérite de cette approche réside dans la finesse et la délicatesse du discours, qui s'appuie sur l'apaisement, la volonté permanente de concilier la fermeté et l'ouverture, les devoirs et les droits, le passé et le présent, la réalité sociologique et sociale et l'humanité...

Mais, assez vite cette accalmie sera rompue dès la première cohabitation. En effet, en mars 1986, l'opposition formée par le Rassemblement Pour la République (RPR) et l'Union pour la Démocratie Française (UDF) remporte les législatives. Jacques CHIRAC est nommé Premier Ministre. Cette période est marquée, dès juillet et août 1986, par une volonté[44] d'en découdre avec les lois mises en place par les précédents gouvernements. De sorte que, le moins qu'on puisse dire est que l'approche CHIRAC de l'immigration rompt, de manière très franche et nette, avec la méthode MITTERRAND. Car, l'approche CHIRAC se caractérise par son côté spectaculaire et expéditif. Ainsi, dès le 9 septembre 1986, une loi est publiée au Journal Officiel. Cette loi relative aux conditions d'entrée et de séjour des étrangers en France, confie aux Préfets le pouvoir de prononcer la reconduite à la frontière des étrangers en situation irrégulière ; elle rétablit le régime de l'expulsion tel qu'il existait avant la loi d'octobre 1981.

En effet, cette loi de septembre 1986, dite loi PASQUA, revient sur différentes dispositions adoptées par la gauche entre 1981 et 1986. Elle restitue aux Préfets des régions et des Départements, statuant seuls[45], le droit de prendre des décisions de reconduite à la frontière d'étrangers en situation irrégulière. De plus, la loi du 9 septembre 1986 restreint d'une part, la liste des étrangers protégés contre les mesures d'éloignement du territoire national et, d'autre part, ceux susceptibles d'obtenir de plein droit une carte de résident. Enfin la loi du 9 septembre 1986 rallonge la liste des documents exigés pour entrer sur le territoire.

---

[44] De la part de la nouvelle majorité élue et de son parlementaire et son Premier Ministre, Jacques CHIRAC.
[45] Sans aucune précaution de mise en œuvre des droits de la défense.

Mais, surtout, cette loi institue et généralise l'octroi du visa à tous les pays d'Afrique. Alors que jusqu'ici, les pays de la Zone Franc[46] en étaient dispensés. Ce qu'il sied de dire, c'est qu'avant cette loi de septembre 1986, les ressortissants de ces pays n'ont jamais choisi d'envahir la France comme on laisse croire. C'est dire si la dispense de visa n'attirait pas tant une immigration de masse de la part des Africains. Et, ceux-ci n'étaient nullement tentés de venir en France. Pas plus qu'ils n'étaient tentés de s'installer ou de se fixer en France ou en Europe. Au contraire, ceux qui venaient repartaient librement une fois qu'ils avaient fini de faire leurs affaires sans qu'ils ne soient tentés de se fixer. Et, cette liberté d'aller et de venir n'a jamais posé autant de brouillamini ou de difficulté que depuis la Loi PASQUA de septembre 1986.

En effet, le fait pour cette loi d'instaurer et de généraliser le visa revenait à fixer[47] des populations en des lieux ou des territoires bien précis, en l'occurrence en France, en Europe ou encore en Afrique. Car, le moindre voyage est astreint à l'obtention d'un visa. Et, celui-ci étant soumis à des critères tout autant arbitraires qu'impossibles condamne la personne ne l'ayant obtenu, à se résigner à voyager et ne vivre, finalement, que là où elle se trouve. De même que, ceux des étudiants étrangers qui se retrouvent dans l'illégalité parce qu'ils n'ont pas réussi leur année et que la Préfecture n'a pas voulu renouveler leur titre de séjour, finissent par faire le choix de se fixer au lieu de retourner dans leur pays où misère et paupérisation riment avec le quotidien...

---

[46] Le Gabon, le Congo, la Côte d'Ivoire, le Cameroun, le Togo, Sénégal encore ou la République Centrafricaine.
[47] On peut ainsi s'interroger sur l'incidence du visa dans les migrations : son rôle, son efficacité ainsi que ses répercussions ?

En tout état de cause, la loi de septembre 1986 pose deux problématiques : elle marque une rupture historique entre les pays[48] d'Afrique, notamment ceux de la Zone franc et la France. Et, cette loi traduit également le fait qu'une nouvelle page[49] de l'histoire soit écrite, sans que l'Afrique n'ait été associée et sans qu'elle n'ait donné son avis.

Aussi, on peut se demander s'il n'est pas souhaitable et possible d'associer les pays d'Afrique dans la recherche des solutions sur l'immigration ? Autrement dit, le moment n'est-il pas venu pour la France de s'asseoir autour d'une table avec les pays africains et discuter d'égal à égal, autrement dit sans a priori et sans imposer quelle que attitude que ce soit et sans parler en lieu et place des Africains, afin de chercher des points de convergence et/ou de divergence, et trouver des solutions équitables ? Car, une telle démarche aurait le mérite de faire naître des consensus et de susciter l'adhésion de tous aux préconisations retenues en concertation. Bref, de créer une synergie participative dans laquelle les différentes parties trouveraient leur compte. Ce qui serait une façon de rompre avec l'approche coloniale qui consiste à imposer des accords léonins, non négociés, dont l'unilatéralisme n'a que rarement produit les effets escomptés.

C'est autant dire si la France ne peut faire l'économie d'une approche concertée et d'une solution négociée avec les pays concernés par l'immigration. Cela la grandirait davantage que des lois aussi complexes et successives qui, au-delà de leur impact psychologique sur l'opinion ou plus exactement sur l'électorat, n'ont en réalité qu'une portée très limitée qu'on veuille le dire ou le faire croire. Car, l'efficacité d'une loi ne semble pas se mesurer à l'aune des souffrances et des sévices qu'elle inflige à ces pauvres immigrés dont le seul tort est

---

[48] Qui ont toujours soutenu la France, quelles que soient les circonstances.
[49] Après la Conférence de Berlin de 1885.

qu'ils sont affamés, opprimés et privés d'avenir dans leurs pays d'origine et d'être obligés de chercher le salut ailleurs. De même, l'efficacité d'une loi ne peut se mesurer à l'aune des chiffres des reconduites à la frontière ou des expulsions et encore moins à partir des chiffres des demandeurs des cartes de séjour ! L'efficacité d'une loi doit être appréciée dans sa capacité à répondre durablement au problème pour lequel elle a été mise en place, en l'occurrence endiguer l'immigration. Ainsi, l'évaluation de l'efficacité d'une loi doit se mesurer en prenant également en compte les chiffres des candidats à l'immigration. Et, le jour où ces derniers seront en baisse, on pourra alors clamer haut et affirmer que telle loi mesure ou telle loi s'avère efficace. Ceci ne sera possible que le jour où les pays d'Afrique pourront accéder au développement.

Or, pour l'instant, on est encore loin du compte. Surtout que l'option prise c'est celle de faire une démonstration de force unilatérale. En témoigne le fait que, le 18 octobre 1986, c'est-à-dire environ un mois après la publication de la loi du 9 septembre 1986, intervienne une expulsion spectaculaire de 101 maliens en situation irrégulière. De sorte que la loi du 9 septembre 1986 place un problème qui relevait jusqu'ici de la politique sociale et économique, dans le champ politique.

Ainsi, le parti socialiste et différents syndicats (CGTl, FO...) ou les organisations de défense des droits de l'homme s'étaient-ils indignés à la suite de l'expulsion du 18 octobre 1986. Mais, le Ministre de l'intérieur, Charles PASQUA, qui était à l'origine de l'expulsion s'était-il contenté de déclarer : « La loi s'applique à tous. » Et, alors que l'opposition, ainsi que diverses associations de défense des droits de l'homme dénonçaient : « la suspicion généralisée de l'ensemble des communautés étrangères», Charles PASQUA, estimait, quant à lui que : « la loi est l'expression d'un juste équilibre entre la nécessité de mettre fin au laxisme et l'obligation de la générosité.» Cette sorte de bras de fer durera plusieurs mois.

Et, l'apaisement viendra de la Commission LONG[50], mise en place le 22 juin 1987 et chargée d'étudier la possibilité d'une réforme du Code de la nationalité. Forte de seize membres appelés « les seize sages » et présidée par Marceau LONG, la Commission remet son rapport le 7 janvier 1988, au Premier Ministre Jacques Chirac. Ce Rapport intitulé : « Etre français aujourd'hui et demain », fait un ensemble de propositions. Elle préconise notamment de faciliter l'acquisition de la nationalité française pour les jeunes âgés de 16 à 21 ans, nés en France de parents étrangers et y résidant depuis cinq années, dès lors qu'ils font une : « déclaration individuelle, personnelle et simplifiée.»

En mai 1988, François MITTERRAND est réélu Président de la République. Ce qui devait, une nouvelle fois, apporter un infléchissement de la législation sur l'immigration. En effet, un nouveau Gouvernement est mis en place. Pierre JOXE, le nouveau Ministre de l'intérieur, signe une série de quatre Circulaires modifiant certaines dispositions d'application de la loi PASQUA du 9 septembre 1986. Les Décrets JOXE prévoient, en particulier, la régularisation des conjoints de Français, celle des parents étrangers d'enfants français et celle des jeunes étrangers majeurs.

Et, dans le même temps, Pierre JOXE annonce la discussion prochaine, au Parlement, d'une nouvelle législation sur les conditions de séjour d'étrangers en France. Le 24 avril 1989, Pierre JOXE présente un avant-projet de loi. Pour la première fois, les associations de défense des droits de l'homme sont associées à la démarche. Ce qui devait conduire ces dernières à exiger que le projet de loi soit remanié, estimant qu'il était

---

[50] Qui était jusque-là, Vice-Président du Conseil d'Etat.

proche de la loi PASQUA qu'elles dénonçaient. Le 2 août 1989, la loi JOXE est votée[51]. Et, le moins qu'on puisse dire est que cette loi assure, à l'instar des lois de 1981 et 1984, la protection d'étrangers et des personnes ayant des attaches personnelles ou familiales en France, contre l'expulsion. En effet, à bien des égards, la loi JOXE revient sur plusieurs points à l'esprit de la loi du 29 octobre 1981. Elle libéralise les règles relatives à l'entrée et au séjour d'étrangers en France. Et, la loi du 2 août 1989 instaure deux garanties de procédure : la consultation préalable d'une Commission du séjour des étrangers, avant tout refus de délivrance d'une carte de résident ou avant tout refus de renouvellement d'un titre de séjour temporaire. D'autre part, la loi du 2 août 1989 prévoit la possibilité pour un étranger de former un recours devant le tribunal administratif du lieu de sa résidence, contre les mesures de reconduite à la frontière dont il est l'objet. Et, ce recours est suspensif en ce sens qu'il suspend l'application de la mesure ou de la décision de reconduite.

Toutefois, ces mesures protectrices des droits de l'homme ne cachent pas moins la mise en œuvre d'une politique drastique de l'immigration, comme en témoigne une série de mesures draconiennes. Ainsi, le contrôle renforcé sur les visas délivrés par les Consuls français, les sanctions contre les compagnies aériennes transportant des voyageurs n'ayant des documents requis pour entrer sur le territoire français ; la suppression du droit au travail pour les demandeurs d'asile ; le renforcement des peines encourues en cas de travail clandestin ; la création des zones d'attente dans les ports et aéroports[52] ; le contrôle rigoureux d'étrangers venant en France dans le cadre d'une visite privée ou familiale.

---

[51] Elle sera publiée le 8 août 1989.
[52] Ce sont des espaces où les étrangers non admis sur le territoire et les demandeurs d'asile peuvent être maintenus pendant un certain temps.

Au demeurant, cette intransigeance s'inscrit dans la méthode MITTERRAND, exprimée lors d'une interview télévisée sur « Antenne 2. » En effet, MITTERRAND estimait que : « le seuil de tolérance a été atteint dans les années 1970. » Mais il estimait qu'il était « nécessaire d'allier la fermeté à l'égard de l'immigration clandestine à une politique d'intégration[53]. »

Dans le même temps, le Premier Ministre, Michel ROCARD, estimait dans une allocution prononcée le 7 janvier 1990 lors de la Rencontre Nationale des élus socialistes issus des pays du Maghreb : « la France ne peut accueillir toute la misère du monde » Pour Michel ROCARD, la priorité doit être donnée à l'action d'insertion des étrangers déjà en France. De sorte que, ce que ROCARD appelle le « devoir d'intégration des cités » devenait pour lui une priorité. Ainsi, le projet de loi relatif de la « sécurité intérieure », initié le 4 avril 1991, prévoyait non seulement l'implantation dans les quartiers, des « maisons de la justice et du droit », mais aussi l'accélération des procédures de naturalisation et l'examen, par le Haut Conseil à l'Intégration, des procédures de la « double peine » infligée aux délinquants d'origine étrangère. Ce qui traduisait une certaine volonté de calmer les esprits tout en renforçant les mesures de lutte contre l'immigration clandestine. Cette approche repose sur un savant dosage entre la reconnaissance des droits, voire le renforcement de ceux-ci dans certains cas et la répression d'actes délictueux.

---

[53] Par la même occasion, il s'était déclaré favorable au droit de vote des immigrés aux élections locales, tout en rejetant l'idée d'un référendum sur la question de l'immigration.

Toutefois, en 1993, commence une nouvelle cohabitation. Et, comme entre 1986 et 1988, cette cohabitation qui s'ouvre avec la victoire de la droite aux élections législatives de mars 1993, se caractérise non seulement par une radicalisation de la politique de l'immigration, mais aussi par une certaine brutalité à l'égard des pays de la Zone franc.

Car, cette période commence avec la loi MÉHAIGNERIE qui réforme le Code de la nationalité. Mais, cette période, c'est aussi les deux autres lois PASQUA. Ces lois, et notamment celle[54] du 24 août 1993 généralise le contrôle d'identité qui, jusque là, était pratiquée dans des cas de trouble à l'ordre public ou bien dans des situations criminelles. Avec cette loi la suspicion, à travers le délit de faciès notamment, devenait, peu ou prou, la règle. S'en était suivie une certaine escalade policière qui avait conduit la Commission consultative des droits de l'homme à interpeller les pouvoirs publics. En effet, dans son rapport du 21 mars 1994, la CNCDH avait émis des réserves sur l'accueil des étrangers et les traitements qui leur étaient infligés par les forces de l'ordre dans des Préfectures. Celles-ci étaient devenues des sortes de nasses, c'est-à-dire des lieux de coups de filet et rafles des étrangers qui s'y rendaient pour solliciter la régularisation de leur situation administrative.

---

[54] Qui est, en fait, la deuxième loi Pasqua après celle de 1986.

Ainsi, considérée comme tranquille sur le plan de l'intrigue politique, la cohabitation de 1993 n'en demeurait pas moins rude au plan de la politique d'immigration –au sens le plus générique du terme. En effet, à la suite de la victoire de l'opposition aux élections législatives de 1993, Edouard BALLADUR est nommé Premier Ministre. Au début du mois de mai 1993, l'assemblée Nationale examine un projet de loi proposé par Pierre MÉHAIGNERIE, Ministre de la justice, portant réforme du code de la nationalité française[55]. Le 22 juillet 1993, la loi MÉHAIGNERIE est publiée. La réforme du Code de la nationalité, instituée par cette loi, prévoit une formalité dans l'acquisition de la nationalité par les enfants nés en France de parents étrangers : c'est la manifestation de la volonté de devenir français. Cette loi modifie également le délai d'acquisition de la nationalité par un étranger marié à un conjoint français. Ce délai passe à deux ans au lieu d'un an comme auparavant.

Et, dans la foulée de la loi MÉHAIGNERIE de juillet 1993, deux autres lois sont votées coup sur coup, le 10 août 1993 et le 24 août de la même année. Ce sont les lois dites PASQUA II et PASQUA III. Ainsi, la loi du 24 août 1993 limite les conditions de délivrance d'un titre de séjour de plein droit. Elle prévoit le refus ainsi que le retrait de la carte de séjour aux étrangers et à leurs époux. D'autre part, cette loi prévoit le retrait du titre de séjour délivré à un réfugié politique. Elle limite les compétences de la commission de séjour. Et, cette Commission ne donne plus que des avis consultatifs qui, par définition, ne lient pas les autorités compétentes. Autrement dit, ces dernières ne sont pas obligées de suivre l'avis de la CNCDH. La loi du 24 août 1993 ajoute des conditions encore plus contraignantes au regroupement familial, et elle renforce les mesures d'éloignement du territoire français.

---

[55] Adoptée auparavant par le SÉNAT, le 21 juin 1990.

Ce qui avait conduit le Conseil constitutionnel à émettre des réserves quant à l'interprétation des lois en matière de droit d'asile et de contrôle des titres de séjour des étrangers par la police sur dix dispositions de cette loi. En effet, après la saisine par l'opposition socialiste, le Conseil constitutionnel avait censuré, dans sa décision du 13 août 1993, différentes dispositions de la loi d'août 1993, les considérant non conformes à la Constitution. Ainsi, les dispositions suivantes sont censurées : l'automaticité de l'interdiction du territoire pendant un an pour des personnes reconduites à la frontière ; l'interdiction pour les étudiants étrangers de faire venir en France leur famille ; la possibilité de mettre en rétention administrative pour trois mois un étranger ne possédant pas les documents permettant de le renvoyer dans son pays ; le pouvoir du procureur de la République d'autoriser un maire à surseoir à un mariage.

Mais, dès septembre 1993, un nouveau projet de loi revient sur les dispositions censurées par le Conseil constitutionnel. Et, ce projet de loi prévoit un sursis à la célébration d'un mariage : « dont les indices sérieux laissent supposer qu'il s'agit d'un mariage de complaisance. » Ainsi, pour ne pas perdre la face devant le désaveu du Conseil constitutionnel, ce projet de loi de septembre avait accouché d'une loi du 30 août 1993, elle-même publiée le 1er janvier 1994. Toujours est-il que cette loi du 30 août 1993 réintroduit, dans une version légèrement amendée et rafistolée, les dispositions censurées par le Conseil Constitutionnel. Ainsi, une grande facilité de contrôle d'identité aux abords des frontières de l'espace Schengen est instituée.

Mais, quelques mois seulement après cet épisode de la fin 1993, un nouveau projet de loi revient à la charge dès octobre 1994. Dans ce projet de loi, il est retenu comme délit, le fait pour une personne, de faciliter l'entrée, la circulation ou bien le séjour irrégulier d'un étranger en France et dans les autres Etats de l'Espace Schengen.

Et, avec l'élection de Jacques CHIRAC à la Présidence de la République, le 7 mai 1995, cette approche radicale devait se poursuivre et s'amplifier. Cela, malgré les réserves, voire des réticences des organismes comme la Commission nationale consultative des droits de l'homme, qui avait dénoncé dès mars 1994, dans son rapport annuel, les conditions d'accueil des étrangers en France, en particulier dans les préfectures, et l'absence de recours après un refus de visa. En effet, le 20 mars 1996, Paul BOUCHET, Président de la CNCDH remet son rapport annuel au Premier Ministre, Alain JUPPÉ[56]. Ce rapport constatait sans détour une « banalisation des opinions racistes et xénophobes. » Aussi, ce rapport avait-il insisté sur la : « recrudescence d'actes de violence et d'intimidation à caractère raciste visant les personnes d'origine étrangère. » Et, le rapport BOUCHET concluait : « l'impact des récentes modifications législatives sur l'immigration est très négatif. »

Ce qui n'a hélas pas arrêté l'escalade d'actions spectaculaires et médiatiques, voire médiatisées. C'est le cas en juin 1996, avec l'intervention policière à l'église Saint-Hyppolite et à l'église Saint-Bernard de Paris. Ce qui était scandaleux dans cette opération, c'est moins le fait que les forces de l'ordre soient intervenues, que la brutalité de cette intervention dans un lieu de culte qui, même en temps de guerre, est toujours resté inviolable en raison du caractère sacré de ces lieux ainsi que leur symbolique. C'est dire si cette date marque le début de la désacralisation des lieux saints. Ainsi, alors que pendant

---

[56] Nommé après l'élection de Jacques CHIRAC, le 7 mai 1995.

la seconde guerre mondiale, la Gestapo s'était parfois gardée de toucher aux couvents et autres lieux saints où des juifs trouvaient refuge et avaient pu échapper aux rafles nazies, les immigrés n'ont pas pu, quant à eux, échapper aux rafles des forces de l'ordre républicaines. De sorte que, l'immigration a servi de précédent pour déroger au caractère sacré des lieux saints. Ceux-ci ont été violés avec une telle brutalité inouïe. Autrement dit, l'immigration est le domaine qui ait pu faire tomber le principe de la sacralité des églises –qui remonte au Moye-âge, puisque les 228 sans-papiers qui avaient trouvé refuge dans l'église Saint-Bernard de la Chapelle, avaient été évacués sans ménagement le 23 août 1996 par la Compagnie Républicaine de Sécurité (CRS).

Ce qui avait conduit Mgr Claude FRICKART, Evêque de Paris, à dénoncer « l'injustice et l'immoralité d'un certain nombre de lois sur l'immigration. »

Mais, ce qui n'a pas empêché qu'un nouveau projet de loi du 6 novembre 1996, surenchérisse en renforçant à la fois le dispositif d'éloignement des étrangers en situation irrégulière et leur rétention judiciaire, ainsi que les pouvoirs de la police de l'Air et des frontières, sans oublier les pouvoirs du maire en matière de délivrance des certificats d'hébergement.

Ceci passait difficilement aux yeux d'une partie de l'opinion. C'est ainsi que la Ligue des droits de l'homme avait-elle lancé, le 3 février 1997, un « appel contre la loi DEBRÉ. » Cet appel signé par 150 personnalités demandait un moratoire sur les expulsions et la régularisation des sans-papiers. Cette initiative sera soutenue par les maires de gauche de Paris et de la région parisienne. Ceux-ci avaient organisé, les 8 février et 9 février 1997, des baptêmes républicains des sans papiers. Ces baptêmes étaient organisés et parrainés un peu partout par des personnalités. Par la suite, cinquante neuf réalisateurs de cinéma avaient rejoint le mouvement, le 11 février 1997. Ces derniers avaient lancé un appel à la désobéissance civile. C'est dans ce contexte trouble que Jacques CHIRAC décide de dissoudre l'assemblée Nationale, le 21 avril 1997. Et, les élections législatives qui ont suivi cette dissolution, avaient consacré la victoire de la gauche. Lionel JOSPIN sera nommé Premier Ministre. Et, principe de continuité de l'Etat oblige, JOSPIN héritera de la législation tant contestée[57] qui était à l'origine des turbulences du gouvernement JUPPÉ. Un des premiers dossiers que le Premier Ministre, nommé le 2 juin 1997, aura à connaître porte sur l'immigration.

Ainsi, dans la semaine même qui avait suivi la nomination de Lionel JOSPIN, celui-ci demandait à son conseiller social, Jacques RIGAUDAT, d'organiser une éventuelle rencontre ou une réception des Sans-papiers à l'hôtel Matignon. Cette réception avait ainsi inspiré au Premier Ministre, JOSPIN, le principe d'une régularisation partielle. Dans la foulée, lors de la présentation de sa politique générale au Parlement, Lionel JOSPIN annonce le « réexamen de l'ensemble de la politique en matière d'immigration et de nationalité. »

---

[57] A la fois par diverses associations, mais également par le Conseil Constitutionnel qui, dans sa décision du 22 avril 1997, déclarait contraires à la Constitution, deux dispositions : la consultation par la police du fichier des demandeurs d'asile et l'absence de renouvellement de plein droit, de la carte de résident. Mais, le 24 avril 1997, la même loi censurée par le Conseil Constitutionnel, sera promulguée au Journal Officiel paru le 25 avril 1997.

Ceci devait se traduire par des régularisations[58] transitoires. Ces régularisations s'appuyaient sur la Circulaire du 24 juin 1997, prise par Jean-Pierre CHEVÈNEMENT, Ministre de l'intérieur. Et, le 12 janvier 1998, J-Pierre CHEVÈNEMENT annonce la régularisation de 15.700 Sans-papiers. Par la suite, en janvier 1999, les chiffres définitifs des régularisations sont communiqués. Et, au total, quatre-vingt milles (80.000) sans-papiers, seront régularisés, alors que soixante-trois milles autres Sans-papiers verront leurs dossiers rejetés.

D'autre part, le 31 juillet 1997, le politologue Patrick WEIL chargé par le Premier Ministre, Lionel JOSPIN, de conduire une mission interministérielle, lui remet deux rapports portant respectivement l'un sur les conditions d'entrée et de séjour, et l'autre, sur les conditions d'acquisition de la nationalité. Sans préconiser l'abrogation des lois PASQUA, MÉHAIGNERIE et DEBRÉ, ces deux rapports proposent : un renforcement du droit d'asile ; un assouplissement des formalités d'entrée et de séjour en France ; un meilleur respect de la vie familiale[59], mais également une meilleure prévention du travail irrégulier. D'un autre côté, le rapport WEIL préconise une meilleure politique d'accueil des étudiants étrangers, un renforcement du droit du sol dans l'attribution de la nationalité, ainsi que la suppression de l'obligation pour les enfants de parents étrangers, d'accomplir la formalité de la profession de foi ou du serment de devenir Français, prévu par le rapport LONG.

---

[58] Pour un total de 80.000 régularisations.
[59] A travers le titre de séjour « Vie privée et vie familiale. »

Et, le rapport WEIL prévoit, entre-autres mesures, le maintien des certificats d'hébergement et l'allongement de la rétention administrative. Enfin, le Rapport préconise l'interdiction de la rétention judiciaire. Et, le moins qu'on puisse dire est que, cette série de mesures rassure les associations des droits de l'homme et la Commission nationale consultative des droits de l'homme. De sorte que, cette dernière soulignait dans un avis que : « les projets de loi du gouvernement sur la nationalité et l'immigration constituent un progrès. » Et, la Commission avait retenu trente et une modifications visant à rendre plus libérale, l'approche de l'immigration. Ces trente et une modifications portaient notamment sur l'établissement d'un droit du sol intégral, le remplacement des certificats d'hébergement par une attestation d'accueil, la généralisation du regroupement familial et la suppression de la rétention des étrangers dans des centres administratifs.

Toutefois, cet élan volontariste sera tempéré par les différents atermoiements du Gouvernement JOSPIN, notamment sur ses deux principales lois portant sur la nationalité et l'entrée et le séjour des étrangers. En effet, ces deux lois se sont contentées des mesures minimalistes, laissant quasiment intact le dispositif mis en place par les lois PASQUA et MÉHAIGNERIE. Ainsi, l'optimisme affiché par JOSPIN, au début de la législature contraste avec les résultats de l'action de son Gouvernement. D'autant que les mesures prises par ce dernier se sont bornées, par exemple, à supprimer le certificat d'hébergement et à le remplacer par une attestation d'accueil ou à instituer la possibilité pour les enfants nés en France de parents étrangers, de demander la nationalité dès l'âge de treize ans avec l'autorisation des parents ou à seize ans sans cette autorisation.

Mais, de son côté, le socle constitué par les lois PASQUA, MÉHAIGNERIE et DEBRÉ ne sera pas remis en question. Ces lois ne seront pas abrogées comme il avait été annoncé à l'assemblée lors de la Déclaration de politique générale par le Premier Ministre, Lionel JOSPIN. Ce qui avait conduit Jack LANG de regretter : « le fait que le gouvernement n'ait pas décidé d'abroger les lois Pasqua et Debré[60]. »

Et, mieux encore, la gauche opère un revirement de position en s'inspirant de la mesure ayant été à l'origine du « million STOLÉRU ». D'autant que, le 22 janvier 1998, le Ministre de l'intérieur, CHEVÈNEMENT, adresse ainsi une Circulaire aux Préfets. Cette Circulaire prévoit le retour d'immigrés dans leur pays d'origine. A ceci près qu'il s'agissait des Sans-papiers qui, n'ayant pas été régularisés dans le cadre de la Circulaire CHEVÈNEMENT de juin 1997, devaient ainsi être poussés hors du territoire français. Ainsi, l'aide au retour prévue par cette Circulaire, est de 6.500 francs français par adulte, auxquels il fallait ajouter environ 900 F.F par enfant. Et la charge de la mise en œuvre de ce dispositif, est confiée à l'Office des migrations internationales (OMI).

Au demeurant, ni la loi CHEVÈNEMENT n° 1 du 17 mars 1998, relative à la nationalité française ni celle n°2 du 11 mai 1998 sur l'entrée et le séjour des étrangers sur le territoire national n'ont eu de réelle incidence en termes d'amélioration de la situation des étrangers. Pas plus qu'elles n'ont montré une volonté de règlement de la question de l'immigration. Au contraire. Ce qui conduit à s'interroger sur le sens d'une telle attitude, d'une telle volte-face. Ou bien elle traduit une sorte d'alignement de facto sur l'approche de la droite consistant à se focaliser sur la sempiternelle lutte contre l'immigration clandestine, sans jamais s'interroger sur les causes, ou bien elle traduit un renoncement au volontarisme qui a toujours

---

[60] Cf. Jack LANG lors d'une interview sur RMC.

caractérisé la gauche française et qui a permis des batailles qui ont fait avancer la cause des droits humains et les libertés fondamentales, ainsi que l'épanouissement, pour ne pas dire l'accomplissement de l'individu. Mais, quoi qu'il en soit, une telle attitude conforte l'idée que l'immigration a été réduite au rang de simple fonds de commerce, d'enjeu électoraliste et même d'épouvante qu'on agite pour faire peur et stigmatiser les immigrés, lesquels sont simplement déshumanisés.

VI.

LA RÉGRESSION LÉGISLATIVE ET RÈGLEMENTAIRE, LA STIGMATISATION ET LA DÉSHUMANISATION DES IMMIGRÉS

« La misère est forcément muette, comme le pouvoir est aveugle. »

Henri GROUÈS, dit l'ABBÉ PIERRE

Cette phrase résume parfaitement la période qui commence à partir de 2002. Car, cette année 2002 amorce une régression à la fois de la législation sur l'immigration, mais aussi de la tradition hospitalière et humanitaire[61] qui faisait jusque-là de la France, une terre d'accueil. De plus, cette période introduit, non sans une certaine brutalité, un amalgame systématique et une stigmatisation quasi-permanente d'immigrés. C'est ainsi qu'en reprenant au mot près, le discours du Front National, certains partis républicains contribuent à banaliser, c'est-à-dire à légitimer les idées et les thèses anti-immigrées et même fascistes. Ce qui traduit la « lepénisation des esprits. »

---

[61] Au sens du Droit Humanitaire prévu par les Conventions de Genève.

Celle-ci se traduit à travers l'écho que se font certains partis républicains en reprenant les thèses et les idées de LEPEN. Ce qui concourt, sans conteste, à les faire progresser dans l'opinion publique et à rendre paroissiales, voire ordinaires et familières ces idées qui, il y a quelques années à peine, étaient condamnées par tous les partis républicains qui les considéraient comme trop extrémistes et fascisantes. Le fait pour certains hommes politiques qui se démarquaient jusque-là, de reprendre les thèses du Front Nationale, contribue à les faire évoluer, voire enraciner dans l'inconscient collectif. De sorte que, directement ou indirectement, cela comporte une incidence sur la perception individuelle ou collective. D'un autre côté, la « lepénisation » des esprits s'opère à travers la stigmatisation et les amalgames de tous genres autour des immigrés. Sans oublier le lien constamment renouvelé entre l'immigration et les questions d'insécurité, de délinquance, d'intégrisme et même de terrorisme. Car, les immigrés sont présentés comme des parias de la société française, quand ils ne sont pas purement et simplement considérés comme la seule et unique cause de tous les maux[62]. Et, ceci a été d'une certaine façon amplifié par les différentes lois prises depuis 2002. Car, dès sa nomination au Ministère de l'intérieur, Nicolas SARKOZY avait fait de l'immigration, son cheval de bataille législative et réglementaire.

---

[62] Et, la question de la fermeture du hangar de Sangatte, à Calais dans le Nord, constitue une parfaite illustration de la stigmatisation ainsi que de la déshumanisation des immigrés.

Force est de constater que si son action au ministère de l'intérieur a un écho retentissant, voire carillonnant au plan médiatique, les réponses précises et les solutions adaptées au problème de l'immigration se font encore attendre. C'est dire si la question de l'immigration demeure entière. D'autant que les différentes lois ne se sont jamais attaquées aux causes du problème ainsi qu'aux solutions à envisager pour éradiquer le problème de l'immigration. Au contraire, elles ont nourri une communication dans un but de stigmatiser l'immigration et capter, c'est-à-dire conquérir une partie de l'opinion publique acquise aux idées et aux thèses de l'extrémistes droite.

Ainsi, dans la loi d'orientation et de programmation sur la sécurité intérieure, un des volets porte sur l'immigration. Et, avec cette loi du 26 novembre 2003, le lien est désormais clairement établi entre l'immigration et l'insécurité. De plus, la loi du 26 novembre 2003 consacre une véritable régression de la législation sur le droit de l'immigration. En prévoyant en effet, de sanctionner des attroupements devant les entrées d'immeubles et dans des halls d'immeubles, on ne peut s'empêcher de faire un parallèle avec l'Edit du Roi Louis XIV, c'est-à-dire le Code Noir qui, en 1615, prévoyait dans son article 16 : « Défendons pareillement aux esclaves [...] de s'attrouper le jour ou la nuit, sous prétexte de noces ou autrement, soit chez l'un de leurs maîtres ou ailleurs et encore moins dans les grands chemins ou lieux écartés, à peine de punition corporelle qui ne pourra être moindre que du fouet et de la fleur de lys. En cas de fréquentes récidives et autres circonstances aggravantes, pourront être punis de mort. »

D'autre part, la loi du 26 novembre 2003, prescrit un régime de restrictions drastiques. Et, elle emprunte au Gouvernement de Vichy, le principe des sanctions à l'encontre des personnes « ayant aidé ou hébergé un étranger clandestin ou en situation irrégulière. » Ce qui est synonyme de la chasse aux étrangers, c'est-à-dire des rafles[63].

Car, s'il est vrai que le contexte et les circonstances diffèrent de ceux de la période de VICHY, il n'en demeure pas moins qu'il existe des aspects sinon similaires, du moins identiques ou équivalents indiscutables. A commencer par les sanctions à l'encontre des citoyens qui prêteraient service aux étrangers en situation irrégulière. Ce qui renvoie au bannissement des étrangers en général, et des Juifs en particulier, pendant le régime du Gouvernement de VICHY. De même, PÉTAIN fut chef de l'Etat dans des formes démocratiques[64] de l'époque. Ensuite, PÉTAIN estimait que les étrangers en général et les Juifs en particulier, étaient en surnombre en France. Ce qui, et c'est le troisième point, était considéré comme une menace pour l'identité française. De sorte que, comme sous Vichy, la différenciation selon des critères ethniques apparaît comme un argument pertinent pour stigmatiser les étrangers. Le but étant de cultiver les différences, de diaboliser ceux qui sont différents[65], de les faire exister comme une entité homogène, contre laquelle cristalliser l'opprobre, les critiques, voire les calomnies, afin qu'elle soit perçue comme dangereuse.

---

[63] Et, l'on ne peut être surpris si ces rafles ont eu lieu, en novembre, aux abords du Gymnase de Cachan où les immigrés expulsés du squatte erraient, dans l'attente d'être relogés. Dernièrement, c'est à la sortie des « Resto du cœur » que ces rafles ont été pratiquées.
[64] Pour le moins aussi quasi-démocratiques que les circonstances de la consécration du Ministre de l'intérieur à la fois comme candidat unique à la présidence du parti l'Union pour un Mouvement Populaire (UMP), et comme candidat unique de ce parti à l'élection présidentielle. A l'époque de PÉTAIN, c'était les députés qui élisaient le Président de la République.
[65] Qu'importe leur nature : physique, culturelle ou confessionnelle, etc.

Et, l'arsenal législatif et réglementaire de ces derniers mois[66] constitue l'illustration de ce que l'immigration a été réduite à une simple épouvante qu'on agite à l'approche des échéances électorales. En effet, le moins qu'on puisse dire est que les différentes lois en matière d'immigration depuis 2003 flirtent de façon quasi-permanente et récurrente avec la violation des droits fondamentaux. La série des mesures, prises depuis, est tout autant exclusive des droits de l'homme les unes que les autres. Par exemple, les mesures d'éloignement, c'est-à-dire l'obligation de quitter le territoire français (OQTF), ne sont plus soumises à un recours devant le Tribunal administratif, la chasse aux sans papiers qui rend de plus en plus des allures de la Gestapo, la suppression, pour ce qui est des étudiants, de l'obligation de motiver les décisions administratives[67] de refus du visa, la suppression du renouvellement de plein droit de la carte de résident ou même son obtention. Bref, la traque d'immigrés au travers du système du fichage des étrangers, l'institutionnalisation de la suspicion systématique au travers des expressions du genre : « la paternité complaisante », les « mariages de complaisance » ou encore les « naissances de complaisance[68] », etc. Ce qui revient à dire que dans l'esprit de cette législation, dès qu'un immigré ou une immigrée fait un enfant avec un ou une Français ou une Française, il faut rechercher si cet enfant résulte d'une complaisance, c'est-à-dire s'il y a au préalable une conspiration visant à ce que la personne d'origine étrangère s'établisse en France ou pas. Ce genre de questions ne se posent pas lorsque les parents sont

---

[66] Une loi en novembre 2003, un projet de loi en mars 2006, une Circulaire le 30 juin 2006, une autre loi le 24 juillet 2006 et une autre loi en novembre 2006.
[67] Ce qui, une fois de plus est une exception. Car, depuis une loi de juillet 1979, les actes administratifs doivent être motivées, lorsque les réponses qui en découlent sont sanctionnées par un refus.
[68] Pour désigner les enfants dont un des parents est d'origine étrangère. Ainsi, on suspecte soit que ce n'est pas la bonne mère ou le bon père, soit qu'il y a un arrangement autour de la naissance.

Français. De sorte qu'on se trouve là, devant une présomption systématique de mauvaise foi, de complaisance, de tricherie, de vol, de délinquance, voire de criminalité... de la part des personnes d'origine étrangère, une suspicion systématique de leurs choix, de leurs actions, de leurs engagements, etc.

Et, la création d'une catégorie de travailleurs « temporaires », pose une sérieuse difficulté dans un pays comme la France qui a une tradition des droits de l'homme et du respect de sa dignité. Car, les travailleurs « temporaires » ne sont autres que des travailleurs saisonniers, autrement dit des sortes de travailleurs kleenex, jetables à la fin de la saison, c'est-à-dire une fois que les tâches ingrates qu'ils accomplissaient n'ont plus besoin de la main d'œuvre. En effet, ils ne sont utilisés que pendant toute la période des travaux saisonniers. Et une fois ces travaux saisonniers terminés, ils sont priés de quitter le territoire national. Ce, d'autant que la validité de leur titre de séjour est fonction de la durée des travaux pour lesquels ils sont recrutés depuis le pays d'origine. Quitte à faire revenir ces travailleurs temporaires la saison d'après si des besoins en main d'œuvre venaient à se faire sentir dans tel ou tel secteur de l'économie –par exemple dans les vendanges, les travaux dans le bâtiment et les travaux publics. C'est dire le degré de mépris et de cynisme.

Dès lors, il n'y a rien d'étonnant à ce que ce genre d'excès interpelle la vigilance du Conseil Constitutionnel qui essaie de jouer son rôle de Garde-fou des Institutions. Mais, celui-ci ne suffit, malheureusement, pas parfois pour empêcher cette législation culpabilisante des étrangers. Il n'en demeure pas moins que le Conseil Constitutionnel ne laisse pas passer la moindre occasion pour prendre position et rappeler les règles et les principes aux pouvoirs publics. Ainsi, dans sa décision du 21 novembre 2003, le Conseil Constitutionnel a déclaré contraires à la Constitution, certaines dispositions du projet de loi. C'est le cas notamment des dispositions suivantes :

- Le dernier alinéa de l'article 1er de la loi de novembre 2003. Cet article prévoyait que le Gouvernement dépose, chaque année, devant le Parlement, un rapport sur les orientations pluriannuelles de la politique d'immigration. Et, que le dépôt du rapport soit « suivi d'un débat.» Conformément à l'article 48 de la Constitution de 1958, le Conseil Constitutionnel avait estimé qu'en l'absence de dispositions constitutionnelles l'y autorisant, il n'appartenait pas au législateur d'imposer l'organisation d'un débat en séance publique ; qu'une telle obligation pourrait faire obstacle aux prérogatives que le Gouvernement ou chacune des assemblées tient de la Constitution pour la fixation de l'ordre du jour ;

- L'article 7 du projet de loi de novembre 2003, concernant les attestations d'accueil d'étrangers. Cet article rétablit l'article 5-3 de l'Ordonnance du 2 novembre 1945, instituant le contrôle administratif des attestations d'accueil fournies par les personnes se proposant d'accueillir des étrangers qui souhaitent séjourner en France dans le cadre d'une visite familiale et privée. Dans cet article 7, le législateur met à la charge de l'hébergeant, les frais de rapatriement de l'étranger accueilli. Ainsi, le Conseil Constitutionnel a-t-il estimé qu'en prévoyant de faire supporter les frais de rapatriement par la personne hébergeant l'étranger ou l'immigré : « sans prévoir un plafonnement de ces frais, sans tenir compte ni de la bonne foi de l'hébergeant, ni du comportement de l'hébergé et sans fixer un délai de prescription adapté, le législateur a rompu, de façon caractérisée, l'égalité des citoyens devant les charges publiques. » Ainsi, doivent être, regardés comme contraires à la Constitution à la fin du quatrième alinéa de cet article 7, les termes : « et les frais de son rapatriement si l'étranger ne dispose pas, à l'issue de cette période, des moyens lui permettant de quitter le territoire français. »

- Enfin, les deux dernières phrases du deuxième alinéa de l'article 76. En effet, cet article modifie l'article 175-2 du Code Civil relatif aux oppositions au mariage, formées par le Procureur de la République, saisi par l'officier d'Etat civil. Dans une des versions anciennes[69], l'article 175-2 disposait : « Lorsqu'il existe des indices sérieux laissant présumer que le mariage envisagé est susceptible d'être annulé au titre de l'article 146 du présent Code, l'officier de l'état civil peut saisir le procureur de la République. Et, il en informe les intéressés.» Quant à la nouvelle rédaction proposée à l'article 76 de la loi sur l'immigration, elle prévoit : « Lorsqu'il existe des indices sérieux laissant présumer, le cas échéant, au vu de l'audition prévue par l'article 63 que le mariage envisagé est susceptible d'être annulé au titre de l'article 146, l'officier de l'état civil peut saisir le procureur de la République. Il en informe les intéressés.» De sorte que dans l'esprit de la nouvelle loi, constitue un indice sérieux pour un ressortissant étranger, le fait de : « ne pas justifier de la régularité de son séjour en France, lorsqu'il y a été invité par l'officier de l'état civil qui doit procéder au mariage. Ce dernier informe immédiatement le préfet ou, à Paris, le préfet de police, de cette situation. Et, le procureur de la République est tenu, dans les quinze jours de sa saisine, soit de laisser procéder au mariage, soit de faire opposition à celui-ci, soit de décider qu'il sera sursis à sa célébration dans l'attente des résultats de l'enquête à laquelle il fait procéder. Il fait connaître sa décision motivée à l'officier de l'état civil, aux intéressés et, le cas échéant, au Préfet ou au préfet de police. »

---

[69] Celle de la loi du 24 décembre 1993, qui avait déjà modifié ledit article.

Ainsi, le Conseil Constitutionnel souligne avec rigueur : « Le respect de *la liberté du mariage, composante de la liberté* personnelle *protégée par les articles 2 et 4* de la Déclaration de 1789, *s'oppose à ce que le caractère irrégulier* du séjour *d'un étranger fasse obstacle*, par lui-même, *au mariage de* l'intéressé. » Et, le Conseil Constitutionnel de relever : « Si le caractère irrégulier du séjour d'un étranger peut constituer dans certaines circonstances, rapproché à d'autres éléments, un indice sérieux laissant présumer que le mariage est envisagé dans un autre but que l'union matrimoniale, le législateur, en estimant que le fait pour un étranger de ne pouvoir justifier de la régularité de son séjour constituerait dans tous les cas un indice sérieux de l'absence de consentement, a porté atteinte au principe constitutionnel de la liberté du mariage. » Le Conseil Constitutionnel conclut : « *En prévoyant le signalement à l'autorité préfectorale* de la *situation d'un étranger accomplissant les formalités de* mariage sans justifier de la régularité de son séjour et, d'autre part, la transmission au préfet de la décision du procureur de la République de s'opposer à la célébration du mariage, d'ordonner qu'il y soit sursis ou de l'autoriser, les dispositions de l'article 76 sont de nature à dissuader les intéressés de se marier, qu'ainsi, elles portent également atteinte au *principe constitutionnel de la liberté du mariage*. Dès lors, les deux dernières phrases du premier alinéa du nouvel article 175-2 du Code civil doivent être déclarées contraires à la Constitution. »

Par ailleurs, la dernière loi qui vient d'être adoptée, le 28 novembre 2006, par le Parlement, ne fait que renforcer les restrictions déjà nombreuses dans les lois de novembre 2003 et juillet 2006 et les différents règlements y afférents. Ce qui, d'une certaine manière, dénie aux étrangers, tant des droits fondamentaux que le respect de la vie privée et familiale, la liberté d'aller et de venir, la liberté du mariage, etc. Même si, cette loi de novembre 2006 affiche des objectifs attractifs et même séduisants. Par exemple, réguler l'immigration, lutter contre les détournements des procédures et promouvoir une immigration choisie et une intégration réussie. De plus, parmi les nouvelles mesures, figure la création d'une carte de séjour dite, « compétences et talents. » Cette carte est délivrée aux étrangers qui ont : « *un projet favorable au développement et rayonnement de la France.* » Enfin, la loi de novembre 2006 institue un « *contrat d'accueil et d'intégration* » que doivent signer les nouveaux migrants. Ce contrat d'intégration (CI) comporte des engagements concernant la formation civique sur le respect des valeurs de la France ou bien encore la formation de langue française.

Ainsi, quoi qu'on veuille faire croire, ce qui est relativement nouveau dans cette loi de novembre 2006, c'est plus son côté restrictif et contraignant à l'égard des personnes d'origine étrangère que ses principales préconisations qui, elles, ont déjà été, peu ou prou, retenues dans les différentes lois de la République, notamment celles qui ont été votées depuis le début des années 1980. C'est dire si cette loi de novembre 2006 prescrit un ensemble de devoirs qui, se superposant à d'autres qui figurent dans la loi de novembre 2003, donnent le sentiment, sinon d'un acharnement, du moins d'une stigmatisation des immigrés. Ces derniers sont ainsi traités avec une telle de violence et une telle humiliation qu'on se demanderait si l'on était encore dans ce pays qui a inventé les droits de l'homme et du citoyen il y a plus de deux siècles.

La question qui se pose est de savoir si le temps qui s'est écoulé depuis 1789 a fait que les « Droits de l'homme... » et toutes ces valeurs s'évanouissent, s'effritent, voire s'étiolent à force d'épreuves ou bien si la République ne s'est, en fait, jamais imprégnée de ces valeurs ? Autrement dit, est-ce que la France a t-elle intériorisé ces valeurs qu'elle a inventées ou bien celles-ci n'ont souvent constitué qu'un simple décor, une simple façade en trompe l'œil ? Car, on ne peut s'empêcher de constater qu'il existe un écart entre les principes affirmés ou arborés et la réalité quotidienne. D'autant que la liberté, l'égalité et la fraternité paraissent plus réelles sur le papier et sur les frontons des mairies et des édifices publics que dans la vie quotidienne de certaines catégories de citoyens français. A tel point que la notion même de citoyen pose un problème sémantique pour ne pas dire lexicologique. Car, un Citoyen, dans l'Antiquité, est défini comme celui qui jouit du droit de Cité. Aujourd'hui, la notion de Citoyen induit la personne qui fait partie intégrante d'un Etat et dispose, de fait, des droits, mais aussi des obligations. Or, le fait de discriminer certaines composantes de la société en considération de leur origine, de la couleur de leur peau ou de la religion ne permet pas à ces personnes de se reconnaître dans ces valeurs de la République qui apparaissent comme fictives pour ne pas dire virtuelles pour des milliers de personnes des banlieues ou des cités qui se considèrent comme des « Gens sans droits. »

Par ailleurs, la loi de novembre 2006 n'est qu'un cocktail de contradictions. Par exemple, elle prévoit une carte de séjour dite « compétences et talents » réservée aux étudiants qui ont, selon les termes de cette loi : « un projet de développement et de rayonnement pour la France. » Et, d'autre part, ces mêmes étudiants étrangers auront d'autant plus facilement leur titre de séjour[70] que leur projet d'étude sera validé préalablement par leur pays d'origine. Alors, on imagine mal un pays digne de ce nom et qui se respecte, en train de valider un projet d'étude de son ressortissant, en sachant que ce projet servira au développement et au rayonnement d'un pays, tiers fut-il la France ! La logique voudrait que le pays concerné essaie de voir son propre intérêt et de se soucier de son développement et de son rayonnement plutôt que le contraire.

---

[70] Et, celui-ci sera plus facilement renouvelé.

D'autre part, le label « compétences et talents » constitue plus une discrimination de plus qu'une véritable évolution de la problématique de l'immigration et plus particulièrement de la vie quotidienne des personnes concernées. D'autant que, quoi que ces gens fassent, ils seront toujours regardés comme des parias, c'est-à-dire une « racaille. » De plus, d'une certaine façon, cette carte compétence et talents consacre et officialise la volonté de trier, d'écrémer, voire essorer l'Afrique de son élite et de ses cadres en plus de ses matières premières. Ce qui, au lieu de développer, priverait plutôt l'Afrique de ce qu'elle a de meilleur : les ressource cadres.

Toutefois, en ce qui concerne le regroupement familial, la loi de novembre 2006 prévoit, d'une part, qu'un étranger doit avoir effectué dix huit mois au moins de séjour consécutif en France, avant de prétendre faire venir sa famille. De plus, l'étranger doit, en plus de justifier d'une rémunération au moins égale au SMIC, faire la preuve qu'il respecte et se conforme : « aux principes qui régissent la République française. » En réalité, le fait de gagner le Salaire Minimum Indexé à la Consommation (SMIC), ne suffit plus à l'étranger pour prétendre au regroupement de sa famille. De sorte que, aussi objectif qu'il soit, le critère salaire ne suffit plus. Car, la nouvelle loi de juillet 2006 et novembre 2006 lui opposent un critère subjectif dont l'appréciation relève de l'opportunité.

Et, en ce qui concerne les mariages entre les Français et les conjoints d'origine étrangère, le dispositif mis en place par la loi de novembre 2006 prévoit deux mesures, afin de lutter contre les mariages de complaisance. La première mesure est l'attribution au conjoint étranger, la carte de Résident, d'une durée de dix ans. Mais, cette dernière n'est attribuée qu'après trois ans de mariage et sous certaines conditions, comme la connaissance suffisante de la langue française. Quant à la deuxième mesure, elle porte le « délai de communauté de vie, qui permet au conjoint d'acquérir la nationalité française par voie de déclaration. Ce délai passe à quatre ans désormais –et cinq ans pour les couples ne résidant pas en France pendant les trois premières années.

Néanmoins, cette loi de novembre 2006 tend à renforcer la régression du droit en matière d'immigration qui a commencé avec la loi PASQUA de 1986. Ce qui contraste très nettement avec la méthode MITTERRAND dont l'apaisement a souvent constitué la caractérise et qui se reflète à travers les Décrets et les lois JOXE de janvier 1989, ainsi que la loi JOXE d'août 1989 ou encore la Circulaire CHEVÈNEMENT de juin 1997 et les lois CHEVÈNEMENT[71] des 17 mars et 11 mai 1998.

Au point que si l'on peut parler d'une certaine humanisation de la législation dans l'approche « Mitterrandienne », dans celle qui a été inaugurée par la loi PASQUA et qui a été sans cesse reprise et amplifiée depuis, on retiendrait plutôt la stigmatisation et la déshumanisation. D'autant que les lois prises depuis 2002 n'ont fait qu'ériger la suspicion des étrangers en système. L'illustration est donnée par la loi de novembre 2006 qui institue une certaine obsession et même une paranoïa présentant l'immigration comme une fatalité, une invasion « subie. » Sous prétexte de cette invasion subie, le leitmotiv de la lutte contre l'immigration, justifie ainsi qu'on suspecte en permanence les étrangers de : « frauder le marché du travail, détourner les procédures administratives ou encore faire des mariages de complaisance et les enfants de complaisance... »

---

[71] Sur la nationalité et les conditions d'entrée et de séjour des étrangers.

Et mieux encore, la loi de 2006 jette un trouble à l'évolution et à la civilisation, tant elle s'inscrit dans l'esprit du Code Noire qui réduisait les esclaves à de simples meubles. Car, désormais en effet, les immigrés doivent être choisis, tel du bétail, parmi les meilleurs d'entre eux. Ce qui rappelle un autre temps, une autre époque où le degré de civilisation était encore attardé. C'est autant dire s'il apparaît assez difficile d'appréhender autrement une telle vision, une telle approche si elle ne s'inscrit pas dans la volonté délibérée de soumettre l'Afrique à la pauvreté et au sous-développement chroniques. Car, en plus de la main basse sur les matières premières et les ressources qui auraient pu permettre aux pays d'Afrique de se développer, la France veut désormais « trier », c'est-à-dire choisir ceux des meilleurs Africains, afin d'assurer son : « développement et son rayonnement. »

Ceci est, en réalité, une officialisation de la vieille pratique qui consiste à prendre tout ce qu'il y a de bon et de mieux ailleurs. L'Afrique est une accoutumée du fait. Car, depuis plusieurs siècles, elle a été témoin de différentes aberrations. L'esclavage est une de ces incongruités ou loufoqueries. A l'Ile de GORÉE par exemple ne pouvaient embarquer que des esclaves qui répondaient à des critères déterminés, tenant à la fois à l'état de santé, la robustesse, la masse musculaire, la dentition, la taille ou encore la corpulence physique... Et, la loi de novembre 2006, de retenir pour critère, le fait d'avoir une grosse tête[72], une tête bien faite au sens de RABELAIS.

---

[72] Au sens bouvarien (de BOUVARD), de l'expression, c'est-à-dire être intelligent ou avoir des bonnes connaissances, voire être érudit.

C'est dire si la loi de novembre 2006 constitue une preuve de l'absence de volonté de trouver des solutions à la question de l'immigration ou plus exactement, tout de ce qu'il ne faut pas faire si l'on veut véritablement régler le problème. Car, si l'on veut que l'immigration s'arrête ou du moins qu'elle soit jugulée, encore faudrait-il qu'on accepte l'idée que les pays pourvoyeurs de l'immigration sortent de leur état de sous-développement et de paupérisation dans lequel ils se trouvent plongés depuis plusieurs décennies déjà.

Car, la question de l'immigration reste du même ordre que celle de l'exode rural. Et, les causes ou les raisons qui font que les paysans soient tentés de quitter leur campagne[73] sont sinon similaires, du moins identiques à celles qui sont à l'origine de l'immigration. C'est, le chômage, l'absence des services publics, le sous-développement, le délabrement des conditions sanitaires, les conditions d'accès à l'éducation, les maladies endémiques, les pandémies.

Ainsi, si dans le cas de l'exode rural, il est souvent préconisé l'aménagement du territoire, pourquoi ne pas envisager le développement pour endiguer l'immigration ? Car, au-delà des considérations politiques ou autres, le vrai enjeu de l'immigration, c'est la satisfaction des besoins primaires des populations Africaines. En effet, vivre normalement comme tout être humain est une aspiration universelle. Ainsi, l'enjeu est le développement, en l'occurrence, des pays d'Afrique, afin que les populations de ces pays accèdent au bien-être qu'elles sont souvent tentées de rechercher en s'exilant dans des contrées lointaines, dans des pays occidentaux.

---

[73] Campagne qu'ils aiment et à laquelle ils sont souvent attachés.

La question est d'importance. Car, l'immigration résulte des difficultés liées au sous-développement. Celles-ci ont quatre facteurs : la spoliation des ressources et matières premières, c'est-à-dire la mainmise sur des pans entiers de l'économie, les guerres économiques qui en résultent et l'imposition des régimes dictatoriaux et leur corollaire qui est l'oppression en raison des opinions ou des idées politiques et sociales.

D'un autre côté, les différentes lois sur l'immigration sont biaisées, dans la mesure où elles sont élaborées dans la seule perspective de la maîtrise des flux migratoires et de la lutte contre l'immigration clandestine. De ce fait, elles ne tiennent pas compte des causes de l'immigration auxquelles il faut, pourtant, apporter des réponses concrètes, des solutions si on veut véritablement régler la question. Pas plus que ces lois et ces règlements ne considèrent suffisamment des droits et des libertés fondamentales des immigrés.

Car, comment on peut expliquer que le fait pour un étranger de quitter son pays[74], suffit pour qu'il soit traité comme un criminel, un terroriste ? Et, l'on n'hésite pas à le menotter et le cloîtrer dans des centres[75] de rétention comme un vulgaire bagnard. Sans oublier les humiliations de tous genres qui sont le lot quotidien. Et, depuis ces dernières années, les exemples d'humiliation sont légion[76].

---

[74] Pour des raisons on ne peut plus légitimes que différents peuples du monde ont déjà expérimenté et ont fait le même choix à diverses époques.
[75] Construits pour la plupart d'entre eux dans des sous-sols pour éviter que les immigrés ne s'évadent.
[76] Du gymnase de Cachan au hangar de Sangatte, en passant par l'église Saint-Bernard... et bien d'autres situations ubuesques.

L'épisode du hangar de Sangatte (au Nord), ou bien celui du squatte de Cachan (en région parisienne), donnent la mesure de l'humiliation et de la déshumanisation. En effet, aménagé en 1999 pour héberger les immigrés clandestins venus des Balkans, de l'Afghanistan ou de l'Irak et confié à la Croix-Rouge pour la gestion, le hangar de Sangatte a défrayé la chronique politique et médiatique. Et, l'on a tout dit autour de ce hangar de Sangatte, sauf souligner le fait que les occupants de Sangatte venaient soit des nouveaux théâtres de guerre[77], dans lesquels l'occident[78] et la France sont partie, soit des pays candidats à l'Union européenne[79].

Force est de constater que la situation du hangar de Sangatte apparaît curieuse tant elle révèle, d'une certaine manière, que la France qui a la réputation traditionnelle d'être une terre d'accueil, n'intéressait pas ces immigrés qui n'avaient pour seule préoccupation que de se rendre en Grande-Bretagne. On aurait pu penser que ces immigrés, une fois sur le territoire français, se seraient sentis soulagés et sécurisés. Au contraire. Ils préféraient prendre des risques à vouloir traverser, à tout prix, de l'autre côté de la Manche, en Grande-Bretagne où ils disent être mieux accueillis et traités. A-t-on cherché à savoir, tant soit peu le message de ces immigrés qui, au lieu de se sentir mieux sur le sol français, préféraient braver la mort, dans des conditions aussi extrêmes ? Peut-on en déduire que la France ne fait plus rêver, comme il n'y a pas si longtemps où elle était une terre d'hospitalité à l'égard des personnes opprimées dans leur pays d'origine ? Peut-on en conclure que les pays comme la Grande-Bretagne, le Canada ou les Etats-

---

[77] Tchétchénie, Afghanistan...
[78] Dont la France notamment, pour ce qui est de l'Afghanistan.
[79] L'Estonie, la Pologne ou encore la Roumanie. Ces pays sont, pourtant, devenus membres de l'Union européenne, mais leurs ressortissants sont considérés comme des non-Européens. L'affaire du « plombier polonais » est une bonne illustration. Ce, malgré les traités et les conventions.

Unis d'Amérique ou l'Espagne et l'Italie, fassent meilleure aujourd'hui presse en matière d'accueil des étrangers ?

Un ancien Premier ministre de la République, ayant séjourné pendant quelque temps dans un de ces trois pays cités, semble répondre, certes dans un style alambiqué et amphigourique, mais non sans sincérité, par l'affirmative. Ainsi, il y a lieu de s'interroger sur les conséquences d'une telle situation, même dans la perspective de l'immigration « choisie » telle que proclamée. En effet, dans l'hypothèse où la France venait à choisir ses immigrés, il y a fort à craindre que ceux qu'elle voudrait choisir, en raison de leurs compétences, choisissent à leur tour d'aller là où ils estiment être le mieux accueillis, traités et même considérés.

D'autre part, d'aucuns ont affirmé avoir fermé le hangar de Sangatte. Pour autant, la question que posait Sangatte n'a pas été réglée. Au contraire, elle est restée entière sans qu'on en dise un mot. En effet, les sans papiers ont été abandonnés à leur misère, livrés à eux-mêmes et à leur sort, ainsi qu'à la population calaisienne. C'est ce qui ressort d'un reportage de l'Emission « Envoyé Spécial » sur France 2 qui montrait, le 14 décembre 2006, dans « Les damnés de Calais », l'errance et la galère des quatre cents immigrés en quête de traverser la Manche pour se retrouver en Grande-Bretagne. En attendant, leurs conditions de vie sont loin d'être dignes de celles qu'un pays civilisé[80] peut réserver à des êtres humains. Le reportage montre en effet les Sana-papiers vivant dans des petites huttes en cartons, montées dans un bois à proximité de Calais où ils vivent et dorment assis à même le sol, en attendant le jour de leur traversée de l'autre côté de la Grande-Bretagne. Ils sont environ quatre vingt à franchir la frontière chaque semaine et se retrouver en Grande-Bretagne, considéré plus accueillante.

---

[80] Qui plus est, est le berceau des valeurs d'hospitalité, de tolérance et de respect des droits de l'homme !

Quant au squatte de Cachan, son évacuation a porté celles et ceux qui y squattaient parmi lesquels les enfants, au Gymnase de Cachan où, pendant des semaines, ils ont vécu, confinés comme des sardines dans une boîte de conserve, dans des conditions d'hygiène sommaires et dormant par terre sur des matelas de fortune. Puis s'en sont suivis les rapts et les rafles des immigrés aux alentours du gymnase de Cachan ainsi que les expulsions, parfois inopinées, des occupants du gymnase.

Par ailleurs, il y a lieu de s'interroger sur la Circulaire dite SARKOZY, du 30 juin 2006, tant les circonstances de sa mise en œuvre conduisent à s'interroger sur son opportunité. En effet, l'abattage médiatique fait autour de cette Circulaire a fait apparaître cette Circulaire comme un texte destiné à régulariser les étrangers ayant au moins un enfant scolarisé en France. En fait, cette Circulaire ne visait que les étrangers en situation irrégulière, ayant au moins un enfant scolarisé, mais qui étaient déjà l'objet d'une mesure d'éloignement de la part des autorisés préfectorales. De sorte que, ladite Circulaire intervenait pour demander un sursis auprès des Préfectures. Autrement dit, la Circulaire demandait à ce que l'application des mesures d'éloignement, c'est-à-dire de reconduite à la frontière, soit différée à la fin de l'année scolaire 2005-2006. L'écho médiatique autour fait de cette Circulaire avait pris une ampleur telle que, nombre d'immigrés sont tombés dans ce qu'il est convenu d'appeler le « piège de la régularisation massive. » Car, à en juger par les statistiques, de nombreux clandestins ont caressé en vain l'idée de voir régulariser leur situation. Ainsi, le 18 octobre 2006, lorsque le ministre de l'intérieur Nicolas SARKOZY annonce la régularisation de 6.924 clandestins, alors que 23.000 autres sont déboutés, la consternation et la déception dans les rangs de ces derniers sont grandes. Et, leurs espoirs s'étaient ruinés.

Dès lors, au-delà des aspects d'interprétation juridique de la Circulaire de juin 2006, ce qui pose véritablement problème, c'est son opportunité. Car, si l'on s'en tient stricto sensu à l'objet de cette Circulaire, qu'est de demander à ce que soit différée l'application des décisions d'éloignement, autrement dit de reconduite à la frontière prises à l'encontre d'un certain nombre des familles d'immigrés, alors cette Circulaire était inopportune, perverse, voire vicieuse, tant elle a été prise le 30 juin, c'est-à-dire à une date qui correspondait justement à la fin de l'année scolaire 2005-2006. De sorte qu'on ne peut s'empêcher de se demander si cette Circulaire ne traduisait-elle pas une arrière-pensée de recenser de manière déguisée les clandestins, afin de pouvoir mieux les contrôler, c'est-à-dire les arrêter le moment voulu par la suite ? D'autant que, l'écho médiatique fait sur cette Circulaire ne correspondait nullement ni à sa nature, ni et encore moins à son objet. Et, surtout, le quota de régularisation ayant été fixé avant même qu'on n'ait commencé à examiner les dossiers des intéressés fait qu'à lui seul, il suscite un brin de soupçon quant à une réelle volonté de régulariser la situation des familles en cause. Car, si tel était le cas alors, il eût fallu attendre que les dossiers soient examinés, un par un, en fonction des critères retenus, avant d'indiquer le nombre de familles régularisées !

Quoi qu'il en soit, telle qu'elle existe la législation en matière d'immigration est restrictive[81] des droits et des libertés des personnes d'origine étrangère et surtout régressive. Au point qu'on peut dire, à certains égards, que le Code Noir[82] en son temps avait fait mieux. Par exemple, en ce qui concerne les mariages, l'alinéa 2 de l'article 9 du Code Noir prévoyait : «…Lorsque l'homme libre qui n'était point marié à une autre personne durant son concubinage avec son esclave, épousera dans les formes observées par l'Eglise, ladite esclave, celle-ci sera affranchie par ce moyen et les enfants rendus libres et légitimes.» Force est de constater que cette disposition ne posait pas d'autres conditions que celle liée à la filiation qui conférait des droits automatiques tant à la femme esclave qu'aux enfants nés de cette union. De sorte que, ce qui était possible il y a plus de quatre siècles, dans un contexte encore plus difficile, tant le rapport de force était différent, ne l'est plus aujourd'hui. Alors que le Code Noir reconnaissait des droits sans régenter le nombre d'années après lequel l'esclave pouvait être affranchi et les enfants rendus libres et légitimes, les dernières lois prévoient cinq années aux immigrés pour accéder aux-mêmes droits. C'est autant dire combien le sens de l'évolution du droit des étrangers s'avère à rebours, à l'envers, c'est-à-dire régressif.

---

[81] Tant son champ est une longue liste d'interdits, des discriminations.
[82] Le Code Noir a été inspiré dès avril 1615, par COLBERT. Il sera promulgué en 1685. Il avait fait l'objet de plusieurs publications, surtout au cours du XVIIIè siècle. Le Code Noir était conçu pour être appliqué dans tous les territoires français des Antilles et des Caraïbes. Par la suite, il fut étendu dans tous les territoires colonisés, notamment en Afrique, pendant la Traite Négrière et même après. Car, l'abolition de l'esclavage décidée par la Convention Républicaine par Décret du 4 février 1794 ne s'applique qu'à l'Archipel de la Guadeloupe. Et, le 30 FLORAL AN X, c'est-à-dire en 1802, Napoléon BONAPARTE avait abrogé le Décret du 4 février 1794, abolissant l'esclavage et réhabilité la Traite Négrière.

Et, un autre exemple est donné par l'article 58 du Code Noir qui, tout en disposant : « Condamnons aux affranchis de porter un respect singulier à leurs anciens maîtres... », prévoyait dans le même temps : «... Les déclarons toutefois francs et quittes envers eux [c'est-à-dire les maîtres] de toutes autres charges, services et droits utiles que leurs anciens maîtres voudraient prétendre tant sur leurs personnes... que sur leurs biens et successions en qualité de patrons. » Ainsi, chacun peut mesurer le bond en arrière et le recul du respect des principes et des valeurs fondateurs de la République, que l'évolution législative sur le droit des étrangers semble avoir opéré depuis ces dernières années. C'est ainsi que, le Conseil Constitutionnel avait-il lancé une sévère mise en garde aux législateurs, dans sa décision du 4 décembre 2006 : « Il incombe au législateur d'assurer en toutes circonstances, l'ensemble des garanties légales que comporte l'exigence constitutionnelle. »

Dès lors, si l'évolution de la législation en matière du droit des étrangers s'est faite à rebours, en déniant aux intéressés certains droits fondamentaux, elle n'a malheureusement pas permis de régler la question de l'immigration. Et, celle-ci ne peut être réglée que si on intégrait l'immigration et les immigrés –notamment ceux d'origine africaine- comme une composante à part entière de l'histoire de la France. Ce qui requiert un certain effort pédagogique indispensable afin de permettre l'accès à un certain nombre de volets entiers de l'histoire de la France qui demeurent encore méconnus[83] par nombre de Citoyens Français. D'autre part, la question de l'immigration ne peut être réglée que si l'on apportait des réponses adaptées, appropriées aux causes. Ce qui implique de reconsidérer l'approche française de l'immigration, tant

---

[83] Soit parce qu'on a voulu enterrer certaines pages de l'histoire, soit parce que certains n'ont pas eu la curiosité de s'ouvrir à d'autres horizons.

elle repose sur un parti pris flagrant qui ne prend en compte que la lutte contre les flux migratoires.

Car, au-delà de toute considération, le principal et vrai enjeu de l'immigration est d'éviter les drames humains qui en découlent. Ainsi, la priorité doit être le développement des pays pourvoyeurs d'immigrés, mais aussi leur indépendance, leur stabilité, leur autodétermination politique et économique.

CHAPITRE DEUXIÈME

LES ABERRATIONS DU PASSÉ ET LEURS INCIDENCES SUR L'IMMIGRATION

« Il y a dans l'homme, deux hommes : l'homme de son siècle et l'homme de tous les siècles. »

CHATEAUBRIANT.

Historiquement, l'immigration trouve une explication dans la rencontre entre les pays d'Europe et le continent africain au travers de la colonisation. Et, cette dernière avait conduit à une balkanisation forcée de l'Afrique, sans que les Africains n'aient pu dire leur mot et, a fortiori, donner leur avis.

I.

DE L'AVENTURE À LA COLONISATION

Il est un fait historique que les premiers Européens à avoir foulé le sol africain à la fin du XIVè début du XVè siècle, sont les Portugais. En arrivant, ceux-ci trouvent des sociétés organisées, structurées à la fois au plan social, économique et politique. Et, les grands Royaumes africains de cette époque connaissaient une forme d'organisation et de démocratie qui force l'admiration des Portugais. Ceux-ci ne s'attendaient guère, à trouver une telle organisation dans un continent aussi lointain que l'Afrique[84]. Et, le moins que l'on puisse dire est

---

[84] Cf. E. MAQUET, I.B. KANE, J. SURET-CANALE, in Histoire de l'Afrique Centrale, des origines au milieu du XXè siècle, Les Editions Présence Africaine, 1971.

que la présence portugaise n'a pas laissé des souvenirs aussi douloureux que la colonisation française, par exemple, tant cette présence portugaise n'était pas justifiée par des raisons ou des intérêts mercantiles, géopolitiques ou géostratégiques.

De plus, au départ, le continent africain était très peu attractif. Les opinions publiques européennes[85] se désintéressaient de la manière la plus complète des conquêtes coloniales. Celles-ci n'ont été que le fait d'une poignée d'aventuriers ainsi que des militaires qui vont par la suite, convertir à leurs vues, des hommes politiques, comme du Chancelier Allemand OTTO VON BISMARCK, le Roi des Belges, LÉOPOLD II ou bien le Républicain et Président du Conseil, Jules FERRY et le conservateur britannique Benjamin BISRAÉLI.

II.

LA BALKANISATION DE L'AFRIQUE EN ZONES DE CONTROLE OCCIDENTALES

Dès le début des concessions, l'engouement et l'attrait des pays occidentaux pour le continent africain étaient devenus tels que, les Puissances coloniales se livrent une course à la spoliation de l'Afrique, au travers de leurs représentants. Différentes stratégies sont mises en œuvre. L'Écossais John STANLEY, dit Stanley POOL, travaillant pour le compte du Roi des Belges, Léopold II, est un des premiers à avoir compris l'enjeu économique de la présence en Afrique. La France n'ayant pas de représentant, se paie les services de l'aventurier Italien Pierre SAVORGNAN DE BRAZZA. Au moment où ce dernier organise ses expéditions en Afrique, entre 1875 et 1897, STANLEY POOL avait déjà conquis des terres entière, de l'Est à l'Ouest du continent africain.

---

[85] Car, à l'époque l'Europe est le continent dominant dans le monde.

Cependant, devant la guerre que se livrent les puissances coloniales, la Société des Nations organise, sous l'impulsion du Chancelier Allemand, OTTO VON BISMARK, une Conférence qui se tient à BERLIN, entre novembre 1884 et février 1885. Et, le 26 février 1885, l'Afrique, considérée par les Européens comme un continent sans maître, sera partagée, comme une vulgaire tarte aux pommes ou une galette des rois, entre les différentes puissances coloniales européennes. Treize pays européens avaient ainsi saucissonné l'immense continent africain, sans que les autochtones n'aient pu donner leur avis ou dit leur mot sur cette balkanisation. Et, tout en balkanisant l'Afrique, la Conférence de Berlin de 1885, avait fixé les règles d'occupation, proclamé la liberté de naviguer sur les deux grands fleuves[86] du continent africain et autorisé aux treize pays, d'annexer l'arrière-pays correspondant.

Toutefois, des treize pays européens, trois grandes puissances coloniales s'étaient taillés la part du lion : le Royaume-Uni s'était réservé l'axe qui part du Caire jusqu'à la pointe Sud de l'Afrique, en passant par le Cap. La France, quant à elle, avait obtenu des droits sur des territoires entiers de l'Afrique de l'Ouest[87] et de l'Afrique centrale[88]. Enfin, LÉOPOLD II, Roi

---

[86] Que sont, le NIL et le fleuve Congo.
[87] En Afrique de l'Ouest, avec les pays comme le Bénin, le Togo, le Sénégal, le Mali, la Côte d'Ivoire, la Guinée ou encore la Haute Volta – l'actuel Burkina FASO.
[88] En Afrique Centrale, ce sont les pays comme le Congo, le Gabon, la République CentrAfricaine, le Tchad et le Sud-Est du Cameroun –l'autre partie étant sous contrôle allemand.
Il faut souligner qu'à l'époque de la Conférence de Berlin, l'Europe était la puissance dominante du monde. Et, l'Allemagne de BISMARK était une des grandes puissances européennes et mondiales qui rivalisait avec la Grande-Bretagne de BISRAELI, puis William GLADSTONE, qui est la période de l'apogée de la conquête coloniale. Et, en accordant à la France un grand territoire en Afrique, OTTO BISMARCK, espérait que la France renonce à son penchant sur l'Alsace et la Lorraine, surtout qu'une guerre avait déjà opposé les deux pays entre 1870 et 1871.

des Belges, avait obtenu de la Conférence que le Zaïre[89] soit sa propriété privée. Ainsi, chacune des puissances coloniales disposant d'une souveraineté dans sa zone d'influence, la France avait le libre choix de faire et de défaire les frontières de ses territoires, en fonction des caprices de ses différents Gouverneurs généraux. C'est ainsi que, pour la seule période qui va de 1928 à 1940 trente-sept Arrêtés étaient pris. Ces Arrêtés portaient sur le tracé des frontières entre les territoires du Gabon, du Congo et du Centrafrique. Certains des arrêtés étaient justifiés par des actes de rébellion. C'est le cas, par exemple, des évènements de la Sangha, au Nord du Congo, et de Brazzaville. En effet, le 15 février 1905, le journal Matin révèle que les fonctionnaires coloniaux ont fait sauter à la dynamite, un jeune Noir, à l'occasion des festivités de la fête nationale, le 14 juillet 1904, dans la région de la Sangha. Une cartouche de dynamite avait été introduite dans le rectum et une autre dynamite étant suspendue au cou de la victime. Le même jour, c'est-à-dire le 14 juillet 1904, à Brazzaville et à la Résidence[90] du Gouverneur Général, deux soldats coloniaux, GAUD et TOQUÉ, appartenant au même groupe que les auteurs des massacres de la région de la Sangha, décapitent la tête du jeune PAKPA[91].

L'horreur singulière de ces deux massacres venait à la fois des conditions dans lesquelles ils avaient été commis et du fait que GAUD et TOQUÉ avaient contraint la famille de la victime, ainsi que ses amis, à boire du bouillon dans le creux de la tête de PAPKA transformée pour la circonstance en bol. La nouvelle, reproduite dans la plupart des journaux, avait

---

[89] L'actuelle République Démocratique du Congo qui est un immense territoire de 2.345.000 km2 dans un continent.
[90] Qui est le premier bâtiment de type colonial, construit par Charles DECHAVANES, situé devant l'actuel Palais du Peuple.
[91] Qui est l'Ancien guide nègre, considéré comme responsable de la mort de plusieurs colons tombés dans une série d'embuscades.

suscité une émotion et une indignation telles que Pierre SAVORGNAN de BRAZZA, le premier des colons Français –après sa naturalisation française- avait dû interrompre ses vacances à Alger (en Algérie)et prendre la première occasion pour se rendre au Congo, afin de diligenter sa propre enquête. Et, la France mise sur le ban des accusés par la Société des Nations, avait condamné les auteurs des deux massacres à une peine de cinq ans de prison. Mais, six mois après cette condamnation, les fonctionnaires coloniaux étaient mutés en Métropole[92].

Et, c'est à la suite de ces évènements que le rattachement au Congo, de la rive gauche de l'Ivindo (attribuée jusqu'ici au Gabon), et de la rive droite du Djouah (appartenant, jusque-là à la République Centrafricaine), se fera. Ce qui montre que le tracé des frontières était fait, souvent de manière brutale et arbitraire. Ainsi, des familles entières étaient séparées manu-militari. Toute contestation étant interdite, un grand nombre de mouvements de résistance étaient purement et simplement matraqués sans aucun ménagement, causant ainsi la mort de plusieurs centaines de milliers d'enfants, de femmes et d'hommes. Sans oublier le lot quotidien des travaux forcés, à coup de fouets et de bottes, dans les champs d'hévéa et du coton. Ceci, pendant environ un siècle de colonisation ou plus dans certains cas, comme au Sénégal[93]. Ainsi, pendant cette période, l'Afrique était assujettie, voire aliénée. En effet, dès le début de la colonisation, le système colonial s'était attelé à démanteler les anciennes formes d'organisation, fondées sur la famille, la tribu et l'ethnie. De même, il s'était appliqué à

---

[92] Cf. Jules SAINTOYANT, L'affaire du Congo : 1905, Ed. EPI, 1960.
[93] Occupée par la France dès le XVIIè siècle. En effet, comme un peu partout en Afrique et dans le monde, ce sont les Portugais qui étaient arrivés les premiers au Sénégal. La France y est présente dès le XVIIè siècle. Ainsi en 1659, la France fonde la petite bourgade de Saint-Louis et occupe le Comptoir de Gorée fondé auparavant par les Hollandais, connus jadis pour leur activité commerciale mais aussi pour leur flotte marine.

mettre en place une administration qui, si elle a été imposée, n'était pas moins inadaptée aux réalités africaines. Cette situation rompait ainsi avec le postulat posé par Charles de SECONDAT, dit MONTESQUIEU. Pour lui : « Les règles régissant une société sont si propres à celle-ci que, ce serait un hasard si elles pouvaient s'appliquer dans une autre[94]. »

Mais, malgré ce constat dont l'actualité paraît indiscutable, il avait été mis en place, consciemment[95] ou non, des sortes d'entités anarchiques, faussement équilibrées que sont les Etats africains.

III.

L'AFRIQUE AVAIT PRIS UN MAUVAIS DÉPART

Les pays d'Afrique, notamment ceux d'Afrique francophone, apparaissent dans leur fonctionnement, comme des fantômes dans lesquels ni les Gouvernants qui ont succédé aux colons –du moins officiellement- ni encore moins les administrés, ne se reconnaissent véritablement. Car, ces Etats présentent la contradiction de vouloir combiner tout à la fois l'authenticité originaire, c'est-à-dire la tradition, et le modèle colonial. Au point que le produit de ce syncrétisme hybride et métissé, tant sociologiquement, culturellement que historiquement, induit

---

[94] Cf. MONTESQUIEU, dans L'Esprit des Lois.
[95] C'est la thèse que soutiennent certains auteurs à l'instar de Deschamps (H.), L'évolution coloniale, HAN-2, p. 374. cf. Marcel SORET, Histoire du Congo, Capitale Brazzaville, Paris, Editions BERGET-LEVRAULT, 1978, in Le Monde d'Outre-mer. Ainsi, pour DESCHAMPS, le modèle de construction des Etats africains est un hasard de l'histoire. Et, une thèse en science politique, soutenue par DARBON (D.), à l'Université de Bordeaux, en 1991, s'intitule : « Le paradoxe administratif : perspective comparative autour des cas africains. » Cette thèse invite à la prudence. Car, pour son auteur : « les Etats africains sont le produit d'un modèle administratif bâclé au gré des impératifs de la conquête coloniale. »

des effets pervers. Ainsi, tout en lui résistant, l'Africain est, d'une certaine façon, tenu de s'en référer, moins parce qu'il intègre son univers de représentation culturelle, que parce que ce système lui a été imposé, comme incontournable, ainsi que l'administration qui l'incarne. Et, c'est de cette rencontre d'intérêts divergents que procèdent l'ambiguïté pour ne pas dire l'équivoque qui est source d'écueils.

Toutefois, ces Etats, ainsi que leurs institutions procèdent d'impositions successives du droit français, mais aussi des règles d'organisation étatique coloniales. Ainsi, ce droit et ces règles sont inadaptés aux réalités sociales et politiques africaines. Par exemple, en Afrique, les rapports sociaux s'organisent autour de la tribu, de l'ethnie ou de la famille et non autour de l'individu comme le consacre le Code Civil Napoléonien. De plus, en Afrique, la conception du pouvoir s'appuie sur une participation plus ou moins collectiviste et directe de l'ensemble des membres de la société, à la vie de la Cité, autour de « l'arbre à palabres » ou « mbongui[96].» Alors qu'en France, c'est au contraire à travers une délégation aux représentants de la Cité. D'autre part, la culture africaine repose sur l'oralité. L'éducation s'acquiert et se transmet de façon orale à travers les contes. Le bouche à oreille a, ici plus qu'ailleurs, une valeur à la fois d'Encyclopédie et d'archives. Et, chaque membre de la société dispose plus ou moins d'une marge de manœuvre dans la compréhension, mais aussi dans l'interprétation, l'adaptation et l'appropriation de ces valeurs. Ce qui ne paraît pas possible des normes écrites, qui sont à la fois générales et imprescriptibles.

---

[96] L'arbre à palabres ou le Mbongui, c'est à la fois des lieux où se transmet l'éducation, des lieux d'échange, de discussion, de débat et de délibération. Ils sont également des lieux où l'on tranche des différends et où l'on rend la justice de façon objective et équitable.

Dès lors, ne pas prendre en considérations ces spécificités, c'est vouloir assujettir le continent africain et le condamner au rang de la remorque du monde. Ainsi, comme déclarait Léopold Sédar SENGHOR : « Ce que l'on veut c'est nous coloniser, c'est nous réduire encore plus à l'esclavage, c'est-à-dire à la dépendance. »

Dès lors, on pourrait se demander si imposer la misère à des peuples entiers n'est pas la forme moderne de l'esclavage ? De même, proclamer la liberté des peuples, sans la traduire dans les faits, n'est-il pas une manière de maintenir, voire perpétuer le statu quo de la colonisation ? Enfin, exercer une mainmise sur les ressources et les matières premières des pays africains, soi-disant indépendants –quand bien même ils ne sont pas libres de disposer de leurs richesses- ne paraît-il pas contradictoire avec les principes affirmés par la Charte des Nations Unies de 1945, dans son chapitre IX portant sur la coopération économique et sociale[97] internationale ?

René DUMONT écrivait dès 1962 : « l'Afrique noire est mal partie. » Cette appréciation était prémonitoire par rapport au destin qui allait être celui de l'Afrique. Cela ne pouvait être autrement. Car, pendant la période coloniale, il était hors de question pour les Colons, de former une élite[98] autochtone dans les Colonies. Cela, afin d'éviter des manifestations en

---

[97] En effet, l'article 55 de la Charte des Nations Unies prévoit : « En vue de créer les conditions de stabilités et de bien-être, nécessaires pour assurer entre les nations, des relations pacifiques et amicales fondées sur le respect du principe de l'égalité des droits des peuples et de leur droit à disposer d'eux-mêmes, les Nations Unies favoriseront : le relèvement du niveau de vie, le plein emploi et les conditions de progrès et de développement... »

[98] Conforté par les dispositions du Code Noire faisant des Noirs des êtres inférieurs assimilables à des bêtes, le système colonial estimait inutile de former les indigènes. D'où les expressions comme : « laver la tête d'un singe, c'est perdre son savon. »

raison d'une prise de conscience des populations indigènes de leur condition. Car, la logique coloniale s'inscrivait dans un rapport de force opposant les dominants aux dominés. Ainsi, l'instruction était plafonnée au Certificat d'Etudes Primaires et Elémentaires. En d'autres termes, le diplôme sanctionnant la fin du Cours Moyen Deuxième année ou CM 2.

Et, le discours des Colons était sans ambiguïté. Ainsi, Albert SARRAUT, écrivait : « *L'indigène noir, rouge ou jaune est moins un homme qu'un instrument de travail, qui ne vaut qu'autant qu'il peut servir, que l'on rejette une fois hors d'usage. A quoi bon le ménager, puisque la loi de la sélection a réglé d'avance le choix de ceux qui pourront* ou non résister ? A quoi bon soigner les enfants et veiller à la conservation de sa race, puisque sa prolifération doit combler *automatiquement les vides creusés dans le "troupeau"* par les maux, les épidémies, la misère physiologique ou les corvées ? *A quoi bon surtout l'instruire, le perfectionner, essayer de le hausser jusqu'à soi, puisqu'il est admis que la couleur de sa peau le prédestine à l'infinie servitude des êtres irrémédiablement inférieurs*[99]. »

Et, il avait fallu attendre la veille des indépendances, c'est-à-dire 1958-1959, pour que la France mette en place une série d'accords, dits « bilatéraux de coopération », portant à la fois sur l'éducation, la Défense, l'extraction minière ainsi que sur divers domaines économiques. En fait, ces accords n'ont de « bilatéral » que leur nom, tant les pays d'Afrique concernés n'avaient encore, au moment de ces accords, de personnalité juridique. Autrement dit, ils n'existaient pas encore en tant qu'Etats –même dans leur forme fantomatique d'aujourd'hui. Ainsi, ces accords apparaissent plus comme des documents élaborés dans la précipitation, de manière unilatérale, que de

---

[99] Cf. Albert SARRAUT, in Grandeur et servitudes coloniales, publié aux Editions du Sagittaire, 1931.

vrais accords librement négociés sur des bases égalitaires entre les différentes parties. De fait, ces accords visaient, en réalité, à instituer une nouvelle donne des relations avec les anciennes colonies, afin de perpétuer le rapport de force, mais sous des formes quasi-juridiques. D'autant que, ces accords bilatéraux avaient été mis en place sans que l'autre partie[100] ait pu véritablement manifester sa volonté de signer ou non lesdits accords, conformément au principe de la rencontre des volontés[101], cher au droit civil français.

D'autre part, au moment de ces accords, il n'existait pas une véritable élite autochtone, pouvant constituer un contrepoids devant les Tous-puissants Colons, de représenter ainsi les intérêts de leurs pays et de leurs populations et signer en sachant que ces accords auraient des enjeux qui engageraient des générations africaines entières.

C'est dire s'il paraît difficile de conférer à ces accords, de manière crédible, un caractère bilatéral. En fait, ces accords sont davantage des accords léonins, à l'instar des traités de dupes de l'époque coloniale, auxquels les Colons accordaient une solennité certaine et une valeur juridique, en sachant que les indigènes qui ne savaient ni lire, ni écrire, n'avaient rien compris à ces mécanismes complexes qui devaient conduire à la dépossession de leurs terres et de leurs richesses. Les colons savaient, par exemple que le Sergent MALAMINE[102], lui-même, comprenait à peine la langue française. De plus, ne parlant pas un mot des centaines de dialectes des autres pays

---

[100] C'est-à-dire, celle que représentent les Etats africains.
[101] Ce principe de la manifestation de la volonté vaut à la fois en matière de mariage et des contrats. Ainsi, l'article 146 du Code civil prévoit : « Il n'y a pas de mariage lorsqu'il n'y a pas de consentement. » Quant aux conventions, l'article 1109 du Code Civil dispose : « Il n'y a point de consentement valable, si le consentement n'a été donné que par erreur ou s'il a été extorqué par violence ou surpris par dol. »
[102] MALAMINE fut l'interprète de Pierre SAVORGNAN de BRAZZA.

d'Afrique, il ne pouvait être fidèle dans sa compréhension du français, encore moins dans l'interprétation qu'il faisait en tant qu'auxiliaire du système colonial. Et, il y a tout lieu de penser qu'il a pu improviser pour ne pas dire inventer un certain nombre de traductions[103].

D'autre part, la notion de coopération ne semble pas traduire, dans la relation FRANÇAFRIQUE, un partenariat s'appuyant sur une parité, voire une réciprocité des droits et des devoirs réciproques. De sorte qu'il est difficile d'imaginer la présence d'un conseiller technique ou autre, venant d'un pays africain, dans un cabinet ministériel ou à l'Elysée. Alors que, dans l'ensemble des pays d'Afrique francophone, la présence des conseillers techniques, notamment des conseillers militaires, est monnaie courante. Ce, à tous les niveaux de l'Etat. Et, ces conseillers ministériels ou présidentiels participent de façon décisive aux choix et décisions qui engagent le destin de ces pays. Ils assurent la garde prétorienne des Etats africains et ils font partie des collaborateurs formels[104] et informels[105].

Au demeurant, il convient de rappeler que la décolonisation ou les indépendances ont été une exigence[106] commune du Premier Ministre britannique CHURCHILL et du Président américain ROOSEVELT. A tel point qu'au moment de ces indépendances, il n'existait pas une élite autochtone africaine. Le peu de cadres qui existaient, et qui ont été formés pour la plupart d'entre-eux- par les missionnaires, sont des cadres subalternes et une poignée de cadres moyens. Ainsi, ce sont

---

[103] Ce qui renvoie au cinéma muet des années vingt avec Charlie CHAPLIN, où chacun se faisait son interprétation, donc, son propre film.
[104] Ils occupent des postes de responsabilité dans différents cabinets présidentiels et ministériels des pays africains.
[105] Quand ils agissent dans l'ombre du pouvoir et dans divers réseaux.
[106] Exigence conforme à la Charte de l'Atlantique publiée en 1941 par Churchill et Roosevelt, par laquelle ils promettent aux peuples colonisés, le droit de choisir leur forme de gouvernement, une fois la guerre gagnée.

ces cadres qui vont se trouver propulsés aux plus hautes fonctions de l'Etat. A tel point que, en réalité, ils assurent une sorte de gouvernement fantôme pour ne pas dire fantoche, un pouvoir de façade en trompe l'œil, pendant que les anciens maîtres continuent à régner et à dicter les décisions à prendre.

Dès lors, après avoir accepté le principe d'une indépendance en faveur des anciennes colonies d'Afrique, la France a mis en place tout un système « abracadabrantesque[107] », lequel substitue à l'ancien Ministère de la France d'Outre-Mer de l'époque coloniale, un double Ministère. Celui-ci comprend d'une part, le Ministère des DOM-TOM, et d'autre part, le Ministère de la Coopération. C'est ce dernier qui est chargé des relations entre la France et les pays d'Afrique. Ces relations franco-africaines, la France les a toujours voulues particulières –pour ne pas dire à part, voire secrètes. Cela, dès le début des indépendances. Ainsi, il n'a pas souvent été facile entre le ministère de la rue Oudinot –celui des DOM-TOM- et le Ministère de la rue Monsieur –qui est celui de la Coopération. Pas plus qu'entre ce Ministère que d'aucuns appelaient au cours des années soixante, le « Ministère des Néo-colonies » et le Ministère des Affaires Etrangères, c'est-à-dire le QUAI d'ORSAY. Ces frictions résultaient, en fait, de l'autonomie dont jouissait le Ministère de la Coopération, tant son « statut dérogatoire » faisait de lui davantage une cellule secrète qu'une administration ministérielle soumise à une certaine transparence –des archives en particulier.

---

[107] Pour reprendre l'expression chère à Jacques CHIRAC.

Or, l'opacité était la règle de ce Ministère de la rue Monsieur. Le moins qu'on puisse dire est que le statut dérogatoire de ce Ministère a été l'œuvre de Jacques FOCCART, au travers de l'influence qu'il a exercée pendant plusieurs décennies sur la politique africaine de la France. Tout avait commencé, en effet, avec le Général de GAULLE avant les indépendances. Il nomme Jacques FOCCART au poste de Secrétaire Général de la Communauté Franco-africaine. Celle-ci dure environ deux ans, de 1958 à 1960. Et, après les indépendances, le Général de GAULLE nomme Jacques FOCCART Secrétaire général à la Présidence de la République, chargé des affaires africaines et malgaches. Ces affaires africaines et malgaches ont depuis toujours, relevé du domaine réservé du Président.

Dès lors, le « Champ[108] » que constitue l'Afrique apparaît pour la France, comme une propriété privée sur laquelle elle dispose d'un usufruit, c'est-à-dire d'un droit réel d'utiliser la chose et d'en percevoir les fruits. Rien d'étonnant que les différents accords mis en place dans la hâte au moment des indépendances, ne prévoient pas de terme, c'est-à-dire de fin. A en juger par les relèves successives de générations qui se sont opérées depuis les indépendances, on peut dire que ces accords ont une durée indéterminée, voire illimitée.

---

[108] Pour désigner à la fois le territoire, mais aussi l'importance des intérêts à y retirer. Car, depuis la colonisation, le principal et unique but de la présence française, ce sont les intérêts économiques. De sorte que dans son ouvrage intitulé : Une révolution dans la politique coloniale, Bernard LAVERGNE n'hésite pas à écrire : « *L'entreprise coloniale, disons-le sans fard, a divers buts, mais le plus immédiat et le plus puissant est tout simplement celui-ci : nous enrichir. Nos climats tempérés ne s'adaptant qu'à un nombre restreint de cultures et nos pays d'Europe étant menacés de voir leur sous-sol bientôt épuisé, nos pères ont franchi les mers et nous-mêmes maintenant, nous continuons de faire pour trouver au loin un supplément de richesses naturelles.* »

Quant aux sbires et autres marionnettes, souvent imposés au pouvoir contre la volonté des populations, ils donnent souvent l'impression d'avoir fait serment de loyauté et de fidélité à servir les intérêts des capitales étrangères, mais aussi de faire preuve de cynisme à l'égard des populations dont ils ont, paradoxalement, vocation à gouverner, c'est-à-dire à leur assurer le bien-être. Mais, ils se complaisent plutôt dans leur égocentrique confort et dans la luxure du pouvoir. Au point que, leurs préoccupations sont la longévité au poste et l'accumulation des richesses. Ainsi, « la fin justifiant les moyens », comme l'écrit Jean-Paul SARTRE, ils sont prêts à tout pour atteindre ces objectifs. Ils sont installés dans une sorte de routine idyllique où on a le sentiment que les seules images qui leurs parviennent, après avoir été malaxées par les soins de leurs courtisans, sont celles qui rabâchent leurs louanges et celles d'apparat. De toute façon, les courtisans et les collaborateurs font ce qu'il faut pour qu'ils ne courent aucun risque d'apercevoir des images montrant la misère du peuple. D'autant que, leurs forteresses s'ouvrent souvent sur un océan[109] ou sur un fleuve au paysage luxuriant et exotique. Ils sont loin, souvent trop loin, puisqu'ils se tiennent à bonne distance du peuple et de la misère qu'il côtoie au quotidien. Et, la plupart du temps quand ils sortent des bunkers, ils se branlent et se pavanent dans des circuits balisés d'avance et parés de mille couleurs, qu'ils se disent que tout le reste du pays est à l'image de ce qu'ils voient et leur a été concocté.

---

[109] Ce qui donne une vue imprenable sur un horizon aux limites infinies. D'où, peut-être, l'impression de l'éternité et de l'infinité du pouvoir.

Quant à leur richesse, la plupart du temps acquise indûment, ils la placent ailleurs dans des grands paradis fiscaux, mais aussi dans des capitales et des villes occidentales. Car, ils n'ont de compte à rendre qu'à eux-mêmes et à leurs maîtres occidentaux. Et, dans la mesure où ces derniers dictent les mesures à prendre pour ne pas que leurs intérêts soient remis en question, ils ne peuvent que continuer à soutenir leurs marionnettes, devenus les nouveaux colons. De sorte que, comme le disait Miguel de CERVANTES : « Chacun de nous est comme Dieu l'a fait, et bien souvent pire. »

Ce, d'autant que, plusieurs années après les indépendances, les Etats d'Afrique offrent un terrain de prédilection du mimétisme institutionnel. Ce « copier-coller » vieux de l'époque coloniale ne profite qu'à ceux dont le dessein est de condamner ces pays et de les soumettre à la mendicité durable, alors que dans des pays du Nord, la tendance est au développement durable. A tel point que certains dirigeants africains ayant montré un intérêt pour le développement de leurs pays, s'ils n'ont pas été assassinés, ont été évincés du pouvoir. C'est le cas de KWAMÉ NKROUMAH, GAMAL NASSER, Patrice LUMUMBA, Marien NGOUABI, Thomas SANKARA... Comme si les capitales occidentales étaient allergiques, voire anaphylactiques, à l'idée de voir accéder au pouvoir, une nouvelle élite africaine[110], et elles s'ingénient à imposer, parfois par les armes, les mêmes dictateurs et kleptomanes au pouvoir depuis les indépendances. Quand bien même ces dictateurs ont déjà fait preuve de leur absence de volonté, voire leur incapacité à développer ces pays. Sans oublier qu'ils ont depuis montré la limite flagrante de leur adaptation aux conditions d'une bonne et transparente gouvernance. Leur vertu étant souvent devenue le cynisme qui les détourne de leurs populations qu'ils n'hésitent pas à

---

[110] Qui s'est depuis formée dans des Universités et des Grandes Ecoles occidentales (françaises, britanniques, canadiennes ou américaines, etc.).

sacrifier, pour garantir les intérêts de leurs alliés. Ce qui conforte ces derniers à considérer qu'ils ont des droits acquis sur les matières premières et les richesses africaines. Si bien que les pays du Nord font tout ce qu'il faut pour maintenir et imposer les dictateurs au pouvoir, craignant que la nouvelle élite africaine, mieux à même de comprendre et analyser les divers enjeux économiques et géostratégiques, ne remette en cause le statu quo en place depuis l'époque coloniale. C'est ainsi qu'on peut interpréter, c'est-à-dire comprendre la volte-face du début des années mil neuf cent quatre vingt dix. En effet, l'expérience du processus de démocratisation entreprise par différents pays africains à la suite du discours de François MITTERRAND, prononcé à la BAULE, le 26 juin 1990, lors de la XVIè Conférence des Chefs d'Etats d'Afrique et de France, sur la « nécessité de la démocratisation en Afrique» a été purement et simplement torpillée.

Force est, dès lors, de se demander si les véritables enjeux de cette volte-face française ne se situent pas dans le fait qu'un certain nombre de nouveaux dirigeants africains qui avaient été élus démocratiquement avaient tendance à remettre à plat, c'est-à-dire à renégocier les termes des contrats économiques –extraction et exploitation du pétrole, du diamant, des métaux précieux, d'exploitation du bois, etc.

Dès lors, pour la plupart des capitales occidentales en général et pour Paris en particulier, la démocratisation des pays d'Afrique doit être dissociable de leur autodétermination économique, dès lors que celle-ci remet en question leurs intérêts économiques. De fait, la démocratie devient[111] : « un luxe[112] pour l'Afrique, qui ne paraît pas prête à s'engager dans la voie du pluralisme politique. »

En fait, un peu partout en Afrique, des voix commençaient à se lever incitant à une prise de conscience collective, afin que les ressources profitent désormais, d'abord aux pays africains et aux populations africaines elles-mêmes. Pour ce faire, secteur économique après secteur économique, certains préconisaient remettre les contrats à plat et renégocier leurs termes souvent à l'avantage des sociétés et multilatérales occidentales. Tout ce que l'occident ne pouvait accepter, au risque de voir ses intérêts remis en cause par des nouveaux dirigeants qui, nonobstant le fait qu'ils étaient élus démocratiquement au suffrage universel direct, devenaient très encombrants dès lors qu'ils préconisaient de changer la donne des relations de business avec l'occident et ses sociétés et multinationales.

Dès lors, aucun de ces dirigeants élus démocratiquement, n'a pu véritablement gouverner, car vacillés régulièrement par diverses manœuvres de déstabilisation, avant d'être écartés du pouvoir, y compris par des armes –avec souvent le soutien direct ou bien indirect des capitales occidentales.

---

[111] Selon la théorie bien pensante de l'occident et qui masque une volonté de domination et d'expropriation.
[112] Avait déclaré Jacques CHIRAC, alors Président du RPR et Maire de Paris, lors d'une tournée en Afrique en 1994.

Par ailleurs, il sied de souligner que cette attitude ne pouvait s'expliquer que si l'on était dans une situation de rapport de force. Ce qui ne paraît pas le cas dans la mesure où la France n'est pas n'importe quel pays. Elle est l'ancienne puissance coloniale. A ce titre, conformément à la Charte des Nations Unies de 1945, elle est tenue de conduire les pays d'Afrique au développement et à l'autodétermination économique, mais également politique. De plus, la France entretient des liens privilégiés et historiques avec ces pays d'Afrique. Et, surtout, elle détient les clés de la zone franc et nombre de ses sociétés jouissent d'un quasi-monopole dans ces pays. Ce qui pose le problème du degré de responsabilité de la France dans l'état de paupérisation de l'Afrique. D'autant que ses sociétés sont au nombre de celles qui exploitent les matières premières et les ressources des pays d'Afrique depuis plusieurs décennies, sans une véritable contrepartie en termes économiques. Sans oublier l'obligation juridique qui lui incombe conformément à la Charte des Nations Unis de 1945, mais aussi à sa propre Constitution[113] du 27 octobre 1946. De sorte que, ne pas faire l'effort de remettre en cause le statu quo tel qu'il existe et tel qu'il fonctionne et ne pas faire le bilan de l'action en Afrique, c'est afficher une sorte de narcissisme philanthropique qui considère que l'action de la colonisation a été une oeuvre positive, sans se poser la question sur le maintien des règles du jeu économique. Car, comme soulignait Léopold Sédar SENGHOR : « La décolonisation doit d'abord signifier une révolution profonde des structures mentales, morales, sociales et économiques. »

---

[113] Dont ce Préambule Constitutionnel fait partie, encore aujourd'hui, du « Bloc de Constitutionnalité ». En effet, les 18 alinéas du Préambule de la Constitution de 1946 s'ajoutent aux 17 articles de la Déclaration des droits de l'homme et du Citoyen du 26 août 1789 et aux 95 articles de la Constitution du 4 octobre 1958, pour former le Bloc de Constitutionnalité, c'est-à-dire l'ensemble des normes suprêmes qui régissent l'organisation et le fonctionnement de l'Etat, des institutions et de la société française.

CHAPITRE TROISIÈME

LA DÉSILLUSION NÉE DE L'INAPPLICATION DES PRINCIPES DE LA CHARTE DES NATIONS UNIES ET DE LA CONSTITUTION DE 1946

> « *Si j'avais quelque chose qui fut utile à ma patrie, mais qui fut préjudiciable au genre humain, je le regarderais comme un crime.* »
>
> **MONTESQUIEU**, in *l'Esprit des lois*.

Cette pensée qui a traversé les âges conserve aujourd'hui, toute son importance, quand on voit la situation économique et sociale dans laquelle se trouvent les pays d'Afrique.

I.

LE CONTRE-PIED DE LA CONFÉRENCE DE BRAZZAVILLE DE FÉVRIER 1944

Après la seconde guerre mondiale, L'Afrique avait espéré, non seulement accéder à l'exercice de sa pleine souveraineté, mais surtout au développement. Car, le Général De GAULLE avait, solennellement, pris des engagements dans ce sens, à l'occasion de la Conférence de Brazzaville de 1944. Et, ces engagements avaient été traduits dans le Préambule de la Constitution du 27 octobre 1946. Ce qui s'inscrivait dans la dynamique de la Charte des Nations Unies de 1945 qui, après la seconde guerre, voulait d'un monde de liberté, d'égalité et de prospérité. Et, ces valeurs devaient découler, pour les pays encore colonisés, de leur accès à l'indépendance, c'est-à-dire à leur souveraineté. En effet, tout était parti de la volonté du

Premier Ministre britannique, Winston CHURCHILL et du Président des Etats-Unis d'Amérique, Franclin ROOSEVELT qui, dès 1941, avaient publié la Charte de l'Atlantique. Dans cette Charte, ils promettaient aux peuples colonisés du monde le droit de choisir librement la forme de leur gouvernement, une fois la guerre gagnée. Ainsi, la France, pour ne pas être en retrait par rapport à ces engagements de la Charte anglo-saxonne, il était opportun pour elle, de se montrer attentive aux aspirations de ses colonies d'Afrique notamment. Car, cela facilitait ses relations et sa coopération avec ses alliés Anglais et Américains, dans la perspective de la libération.

Aussi, en organisant la Conférence de Brazzaville, tenue entre le 30 janvier et le 8 février 1944, c'est-à-dire en pleine seconde guerre mondiale, la France avait pris de cours ses alliés Anglo-Saxons et franchit un cap dans la perspective de la décolonisation de ses colonies, telle que ROOSEVELT et CHURCHILL le voulaient. Car, la Conférence de Brazzaville sera ainsi considérée comme une première étape du processus devant conduire à l'indépendance des pays d'Afrique. Et, parmi les résolutions prises lors de cette Conférence, figurent l'engagement de « traiter les pays d'Outre-Mer comme des nations à part entière. » Mais, surtout, la France s'engage par la voix du Général De GAULLE, à : « Conduire les peuples dont elle a la charge à la liberté... »

Ainsi, dans son discours d'ouverture de cette Conférence, le Général de GAULLE déclarait : « Vous [s'adressant aux différents Gouverneurs des colonies] étudierez, ici, quelles conditions sociales, politiques, économiques et autres vous paraissent pouvoir être [...] appliquées dans chacun de nos territoires, afin que, par leur développement et le progrès... ils s'intègrent dans la communauté française avec leur personnalité, leurs intérêts, leurs aspirations et leur avenir. »

De GAULLE lors de la Conférence de Brazzaville de 1944.

Et, une fois la deuxième guerre terminée et la victoire des alliés sur l'Allemagne Nazie acquise, le premier acte a été la création de l'Organisation des Nations Unis. Et, la Charte de l'Organisation des Nations Unies, signée à San Francisco le 26 juin 1945, et entrée en vigueur le 24 octobre 1945, prévoit dans le quatrième alinéa du Préambule : « *Nous, peuples des Nations Unies, résolus à favoriser le progrès social et à instaurer de meilleures conditions de vie dans une liberté plus grande.* »

D'autre part, la *Charte des Nations Unies* ajoute à l'article 73 : « *Les Membres des Nations Unies qui ont ou qui assument la responsabilité d'administrer des territoires dont les populations ne s'administrent pas encore complètement elles-mêmes reconnaissent le principe de la primauté des intérêts des habitants de ces territoires. Ils acceptent comme une mission sacrée l'obligation de favoriser dans toute la mesure possible, leur prospérité, dans le cadre du système de paix et de sécurité internationales établi* par la présente Charte et, à cette fin :

a - D'assurer, *en respectant la culture des populations en question, leur progrès politique, économique et social, ainsi que le développement de leur instruction, de les traiter avec équité et les protéger contre les abus ;*

b - De développer leur capacité de s'administrer elles-mêmes, de tenir compte des aspirations politiques des populations et de les aider dans le développement progressif de leurs libres institutions politiques, dans la mesure appropriée aux conditions particulières de chaque territoire et de ses populations et à leurs degrés variables de développement ;

c - D'affirmer la paix et la sécurité internationales ;

d - De favoriser les mesures constructives de développement, d'encourager des travaux de recherche, de coopérer entre eux et, quand les circonstances s'y prêteront, avec les organismes internationaux spécialisés, en vue d'atteindre effectivement les buts sociaux, économiques et scientifiques énoncés au présent article... »

Dès lors, la France s'était attelée à traduire ses engagements pris devant ses alliés au début de la seconde guerre, ainsi que les promesses de la Conférence de Brazzaville de 1944 et les principes affirmés par la Charte de l'ONU, dans le Préambule de la Constitution[114] du 27 octobre 1946. Trois des alinéas de ce Préambule concernent les colonies :

L'alinéa 16 du Préambule prévoit : « La France forme avec les peuples d'outre-mer, une Union fondée sur l'égalité des droits et des devoirs, sans distinction de race ni de religion. »

L'alinéa 17 de ce Préambule dispose pour sa part : « L'Union française est composée de nations et de peuples qui mettent en commun ou coordonnent leurs ressources et leurs efforts pour développer leurs civilisations respectives, accroître leur bien-être et assurer leur sécurité. »

---

[114] Dans la foulée de la création de l'Organisation des Nations Unies, puisque c'est environ une année après la proclamation de la Charte des Nations Unies le 24 octobre 1945.

Enfin, l'alinéa 18 du Préambule stipule, quant à lui : « Fidèle à sa mission traditionnelle, la France entend *conduire les peuples* dont elle a pris la charge, à la liberté de s'administrer *eux-mêmes et de gérer, démocratiquement, leurs propres affaires ; écartant tout système de colonisation fondé sur l'arbitraire, elle garantit à tous, l'égal accès* aux fonctions publiques *et l'exercice individuel ou collectif des droits et libertés proclamés ou confirmés.* »

Au demeurant, la question qui se pose est celle de savoir si ces engagements ont-ils été traduits dans les faits ?

Tout bien considéré, au-delà de certains préjugés ou a priori et des jugements de valeur, la réponse à cette question est négative. D'autant que tout était mal parti pour l'Afrique. La Conférence de Brazzaville n'était, en réalité, qu'une réunion administrative des Gouverneurs de l'Empire français. Cela dans la mesure même où le point de vue des populations indigènes n'apparaît qu'au travers des mémoires sous forme des pétitions, déposées par la poignée de cadres moyens africains de l'époque[115]. Le principal enjeu pour la France était d'être en empathie avec les Africains, c'est-à-dire de montrer que leurs attentes étaient prises en compte. Ainsi, la la Conférence de Brazzaville de 1944 apparaît comme une manœuvre visant à étouffer des velléités de liberté –c'est-à-dire indépendantistes- qui commençaient à se faire entendre au sein de l'élite indigène africaine. De même, la Conférence de Brazzaville avait un autre enjeu, qui était de pérenniser l'effort de guerre des Africains, alors, partie intégrante des Forces Françaises Libres, afin de s'assurer les meilleures chances de gagner la guerre contre l'ennemi nazi.

---

[115] Classés d'office, dans la catégorie des « Évolués. »

Et, le choix de Brazzaville était justifié par le fait que, la capitale du Congo a été la première « Capitale de la France Libre » dès août 1940, soit environ un mois après l'appel du 18 juin 1940. En effet, c'est de Brazzaville que de GAULLE avait organisé la stratégie qui devait aboutir à la libération de la France. Et, cette stratégie portait à la fois sur la conquête du pouvoir aux mains de PÉTAIN- et les opérations de ralliement des pays africains et divers Fronts de Résistance à travers toute la France.

En effet, le Général de GAULLE avait vite compris que la victoire sur l'Allemagne nazie passait nécessairement par une existence politique, par une légitimité politique qu'il n'avait pas au début de la guerre. Hormis son expérience militaire, puisqu'il était officier et avait combattu pendant la première guerre[116] et ses fonctions de Sous-Secrétaire d'Etat à la Défense dans le Cabinet REYNAUD, il n'a, pour ainsi dire aucune légitimité politique. Qui plus-est, il est considéré par le gouvernement de Vichy, comme un simple déserteur. De sorte que, pour avoir une légitimité politique, il fait le pari de se replier sur l'Empire français, notamment en Afrique où il est attendu par un groupe de fonctionnaires coloniaux parmi lesquels il y avait des officiers. Ainsi, aidé et soutenu par ces derniers, de GAULLE va ériger une sorte de contre-État qui va lui assurer cette légitimité politique dont il a tant besoin pour exister politiquement et être reconnu par les dirigeants politiques du monde, en particulier Winston CHURCHILL et Franklin DELANO ROOSEVELT.

---

[116] Où il s'était fait prisonnier en Allemagne. Ce qui lui avait permis par la suite, d'écrire ses Mémoires : Le fil de l'Epée (1932), La France et son Armée (en 1934) et Vers une Armée des métiers (1938).

Et, la dissidence de DE GAULLE devait ainsi conduire à un « pronunciamiento[117]. » Les principaux organisateurs de cette action sont : Philippe de HAUTECLOQUE, dit Philippe LECLERC, BOISLAMBERT, PLEVEN, LARMINAT et le Guyanais Félix EBOUÉ, alors gouverneur de la France au Tchad. Le résultat ne se fera pas attendre. *Les « TROIS GLORIEUSES »* c'est-à-dire les trois dates qui ont marqué le ralliement du Tchad –26 août 1940-, du Cameroun français –27 août 1940- et du Congo –28 août 1940- annoncent un espoir pour l'avenir de la libération de la France.

Mais, il ne restait plus qu'à organiser une grande parade pour faire exister politiquement le Général de GAULLE. Et, *le 8 octobre 1940, une cérémonie sera organisée à Douala, au Cameroun, en honneur au Général de GAULLE, le chef de la France Libre.* Il sera accueilli triomphalement par une immense foule d'indigènes –venus du Tchad, du Congo, de la Centrafrique, du Gabon et bien sûr des régions du Cameroun- et des Français d'Afrique. Et, l'expression de l'enthousiasme sera volontairement exagérée afin d'escompter un impact et un effet médiatique sur l'opinion publique, internationale en particulier, puisque tel était le but. C'était, à certains égards, l'une des premières opérations de communication politique de l'ère nouvelle. Dans tous les cas, c'était le premier bain de foule du Général de GAULLE en tant qu'Homme politique qu'il devenait. C'est d'ailleurs ce que reconnaissait son ami et compagnon de guerre Gaston PALEWSKI quand il disait : **« *Tout a commencé en Afrique.* »**

---

[117] « Pronunciamiento » est un terme espagnol qui signifie coup d'état.

Ainsi, c'est à Brazzaville que de GAULLE donne une allure quasi-gouvernementale à son action politique. L'Ordonnance n°1, du 27 octobre 1940, organise les pouvoirs publics dans les parties libérées de l'Empire français. Ensuite, il crée un Conseil de défense composé d'administrateurs des territoires placés sous l'autorité de la France Libre et des gouverneurs, ainsi que des personnalités proches du Général de GAULLE, comme par exemple, René CASSIN, l'Amiral MUSELIER et le général CATROUX –qui était, par ailleurs, le plus gradé.

Le Général de GAULLE lors de la Conférence de Brazzaville en 1944.

Dès lors, c'est pour témoigner toute sa reconnaissance que le Général de GAULLE organise la Conférence de février 1944 en Afrique et à Brazzaville. Ainsi, déclarait-il à l'ouverture de cette Conférence : « *C'est qu'en effet, loin que la situation présente, pour cruelle et compliquée qu'elle soit, doive nous conseiller l'abstention, c'est, au contraire, l'esprit d'entreprise qu'elle nous commande. Cela est vrai dans tous les domaines, en particulier dans celui que va parcourir la Conférence de Brazzaville.* » Car, ajoutait le Général de GAULLE : « *Sans vouloir exagérer l'urgence des raisons qui nous pressent d'aborder l'étude d'ensemble des problèmes africains français, nous croyons que les immenses événements qui bouleversent le monde nous engagent à ne pas tarder; que la terrible épreuve que constitue l'occupation provisoire de la Métropole par l'ennemi ne retire rien à la France en guerre, de ses devoirs et de ses droits. Enfin, que le rassemblement maintenant accompli, de toutes nos possessions d'Afrique, nous offre une occasion excellente de réunir, à l'initiative et sous la direction de Monsieur le Commissaire aux Colonies, pour travailler ensemble, confronter leurs idées et leur expérience, les hommes qui ont l'honneur et la charge de gouverner, au nom de la France, ses territoires africains. Où donc une telle réunion devait-elle se tenir, sinon à Brazzaville qui, pendant de terribles années, fut le refuge de notre honneur et de notre indépendance et qui restera l'exemple du méritoire effort de guerre français ?»*

Cependant, force est de constater que ces déclarations, ainsi que le Préambule de la Constitution du 27 octobre 1946 qui en résulte, aussi sincères qu'ils puissent paraître, n'ont rien changé au fait que l'Afrique soit dans une situation précaire. Et, si la Conférence de Brazzaville de février 1944 apparaît comme une simple habile manœuvre de diversion dont le but était d'étouffer une opinion qui commençait à caresser le rêve de l'indépendance et de la liberté, les mécanismes qui ont été mis en place par la suite constituent des véritables verrous au développement économique, social et politique. Dès lors, les notions de décolonisation et d'indépendance ne doivent pas être confondues l'une et l'autre –ou l'une pour l'autre. Car, si la première implique la cessation de l'exercice de la tutelle directe d'un Etat sur un autre, la seconde quant à elle, induit le fait, pour un Etat, de s'affranchir de toute influence directe ou indirecte d'un autre Etat. L'expression consacrée par le Droit international, c'est-à-dire par la Charte des Nations Unies est « l'autodétermination politique et économique. » Or, celle-ci semble asphyxiée, c'est-à-dire garrottée.

II.

L'ÉTRANGLEMENT ÉCONOMIQUE DES PAYS AFRICAINS AU TRAVERS DES DIFFÉRENTS MÉCANISMES DE CONTROLE ET DE SPOLIATION

Différents aspects montrent à quel point « l'étranglement[118] » économique de l'Afrique apparaît comme programmé. Par exemple, d'un point de vue juridique, pour qu'un pays soit indépendant, il existe trois critères[119] : le territoire, la population et la monnaie. Ainsi, si pour les deux premières conditions ou critères, chacun des pays d'Afrique dispose indéniablement à la fois de la population[120] et du territoire, pour la troisième et dernière condition[121] en revanche, la question se pose quant à la monnaie qui échappe à ces pays d'Afrique.

Et, ce n'est pas un hasard si aucun des pays de la zone franc ne dispose d'aucune marge de manœuvre en ce qui concerne la politique financière[122]. C'est à la Banque de France, c'est-à-dire au Trésor Public Français que revient le monopole de dicter les règles du jeu financier, au travers de la zone Franc placée sous son autorité et sous son contrôle. *En effet, le Franc des Colonies françaises d'Afrique (FCFA) fut créé par l'Ordonnance du 26 décembre 1945, soit en pleine période*

---

[118] On peut emprunter cette expression du livre de René DUMONT : « L'Afrique étranglée », paru aux Editions du Seuil, en 1980.
[119] Et, du Doyen HAURIOU à DUVERGER en passant par Gaston JEZE, Georges VEDEL, Bernard CHANTEBOUT... la doctrine est unanime sur les critères ou les conditions pour qu'un pays soit indépendant.
[120] Même si les frontières africaines, ainsi que les populations, telles qu'elles existent aujourd'hui, sont un produit de la colonisation, imposé pour répondre à la logique de « diviser pour mieux régner. »
[121] Et, de loin la plus importante, tant l'argent constitue le nerf de guerre.
[122] Voire économique, tant les finances jouent un rôle déterminant dans les choix économiques.

coloniale. En 1959, c'est-à-dire à la veille de l'année où la plupart des colonies françaises d'Afrique accèdent –du moins officiellement- à l'indépendance, la zone Franc est créée. Et, cette zone franc regroupe sept pays d'Afrique centrale[123] et sept autres d'Afrique de l'Ouest[124], puis les Comores –qui sont le quinzième pays membre. A y regarder de plus près, la Zone Franc repose sur une nébuleuse juridique qui institue à la fois une discrimination et une escroquerie[125] en son sein. En effet, depuis les accords[126] du 23 novembre 1972 et du 4 décembre[127] 1973, signés par GISCARD D'ESTAING[128], le Franc CFA comporte deux significations, selon qu'on se trouve en Afrique de l'Ouest ou en Afrique Centrale. Pour les pays de l'UMOA[129], le Franc CFA signifie le « Franc de la Communauté Financière Africaine. » Tandis que, pour les pays de la CEMAC[130], le même franc CFA signifie « Franc de la Coopération Financière en Afrique Centrale. » Ce qui pourrait induire qu'en zone UMOA on est dans une approche communautaire, alors qu'en zone CEMAC, l'on est dans une relation de coopération.

---

[123] Le Cameroun, le Congo, le Gabon, la République Centrafricaine, la Guinée Bissau, le Tchad et la Guinée Conakry.
[124] Bénin, Burkina Faso, Côte d'Ivoire, Mali, Niger, Sénégal et Togo.
[125] En droit pénal, l'escroquerie se définit comme un « délit réalisé soit par l'usage de faux noms ou de fausses qualités, *soit par l'emploi de manœuvre frauduleuses pour persuader de l'existence d'un pouvoir... ou pour faire naître l'espérance d'un succès ou de tout autre événement chimérique, en vue de se faire remettre ou délivrer des fonds, des meubles ou des obligations, dispositions, billets, promesses, quittances ou décharges, et de spolier ainsi autrui de la totalité ou d'une partie de la fortune* » (cf. Lexique de termes juridiques, op. cit. p. 233).
[126] Pour ce qui est l'Afrique centrale.
[127] Pour ce qui concerne l'Afrique de l'Ouest.
[128] Alors, Ministre des finances et des affaires économiques (entre 1962 et 1966, puis entre 1969 et 1974).
[129] Pays membres de l'Union Monétaire Ouest-Africaine.
[130] Communauté Economique et Monétaire d'Afrique Centrale.

En effet, dans la zone UMOA, les relations avec la France sont régies par un « Accord de coopération. » Alors que dans la zone CEMAC, ces mêmes relations sont régies par une « Convention de coopération. » Cette distinction, pourtant anodine, trouve un certain intérêt sur le plan juridique. Car, si un accord peut être défini comme la « rencontre des volontés en vue de produire l'effet de droit recherché par les parties », la convention, elle, est « un accord de volonté destiné à produire un effet de droit quelconque[131].» Ceci implique que dans le cadre d'un accord, le résultat à atteindre est prédéfini. Ce qui n'est pas le cas d'une convention dont le résultat à atteindre peut être différent, par rapport à celui qui résulte d'un accord. C'est autant dire si la portée juridique n'est pas la même selon qu'il s'agit d'un accord ou d'une convention.

Mais, il n'en demeure pas moins qu'aux termes de « l'Accord de coopération entre les Etats de l'UMOA et la France » d'une part et de la « Convention de coopération entre les Etats membres de la BEAC et la France », d'autre part, la distinction juridique ne paraît pas si importante, c'est-à-dire significative. En effet, dans le premier cas, l'accord prévoit : « Déterminés à poursuivre leurs relations dans un esprit de compréhension mutuelle, de confiance réciproque et de coopération... dans les domaines économiques, monétaires et financier ; *Considérant la résolution des Etats d'Afrique de l'Ouest à demeurer en union monétaire ayant un institut d'émission commun [...] Que ces institutions communes appuyées par l'assistance de la République Française apportent la plus grande contribution au financement du développement et des Etats...* [132]. »

---

[131] Cf. Lexique de termes juridiques, Dalloz, 11 è édition, 1998, p.154.
[132] Accord de coopération entre la France et les pays membres de l'UMOA, du 4 décembre 1973.

Et, dans le second cas, cette convention prévoit: «... *Agissant en vertu de la Convention de coopération monétaire passée entre eux et le Gouvernement de la République Française, conviennent, dans le respect de leur souveraineté nationale et de leurs intérêts légitimes, de poursuivre leur coopération monétaire dans le cadre de la zone franc et décident de conclure la présente...* [133]»

Ainsi, le moins qu'on puisse dire est que, la « compréhension mutuelle » ou de la « confiance réciproque » et le « respect de la souveraineté nationale et les intérêts légitimes » n'existent que sur le papier. En pratique, le principe de la primauté des intérêts de la France reste la règle intangible. Ainsi, qu'on considère la zone CEMAC ou la zone UMOA, tous ces pays sont logés à la même enseigne et sont l'objet d'une spoliation organisée. Car, *la zone franc repose sur quatre principes* :

- *la garantie de la convertibilité ;*
- *la fixité des parités ;*
- *la libre transférabilité ;*
- *la centralisation des réserves de change.*

Et si ces principes affichent une certaine cohérence, celle-ci n'est qu'une chimère, une duperie, tant ces principes ne sont pas faits pour permettre un réel développement. Au contraire, ils constituent des verrous à celui-ci. En effet, pour qu'une monnaie soit efficace, elle doit avoir une certaine souplesse pour ne pas dire une respiration dans les échanges. Autrement dit, une monnaie doit jouir d'une liberté de circulation dans une échelle la plus large possible. Or, depuis sa création, son circuit de circulation était restreint entre les pays de la zone franc et la France. Depuis 1994, le FCFA a été cantonné aux deux seules zones (CEMAC et UMOA) et à l'intérieur de ces

---

[133] Convention de coopération monétaire entre les Etats de la Banque des Etats d'Afrique Centrale et la République française, du 23/11/1972.

deux zones, il y a un cloisonnement de plus, puisque le CFA de la zone CEMAC ne circule qu'à l'intérieur du périmètre des sept pays de l'Afrique centrale et celui de la zone UMOA à l'intérieur des sept pays de l'Afrique de l'Ouest. C'est dire si ce champ étriqué dans lequel se meut le FCFA induit une étroitesse, une exiguïté économique qui est loin de permettre un réel développement économique.

D'autre part, le fait d'avoir institué une zone immuable et une monnaie figée, voire pétrifiée depuis plusieurs décennies[134] en raison de la convertibilité, de la fixité de la parité ou de la transférabilité, revenait à condamner, ipso-facto, les pays de la zone franc, au sous-développement chronique. Car, telle qu'elle existe et telle qu'elle fonctionne depuis des décennies déjà, la zone franc n'a pu satisfaire, jusque-là qu'une logique, celle selon laquelle « ce qui est bon pour la France est bon pour l'Afrique. » La réalité est tout autre. En effet, la zone franc participe de la spoliation et de la paupérisation des pays d'Afrique. Ainsi, l'article 2 de la Convention de coopération entre les Etats membres de la BEAC et la France dispose : *« Cette opération est fondée sur la garantie illimitée donnée par la France à la monnaie émise par la banque et sur le dépôt auprès du Trésor Public Français, de tout ou partie des réserves de change des Etats membres, qui prendront les mesures nécessaires à cet effet* [135]*... »*

---

[134] Ce système ayant résisté à des mutations politiques, économiques et sociales depuis un demi-siècle et notamment ces vingt dernières années
[135] Cf. Article 2 de la Convention de coopération monétaire entre les Etats membres de la Banque des Etats de l'Afrique Centrale (BEAC), et la République française.

Ce qui, il convient de souligner, est une bien curieuse idée qui est loin de profiter aux pays concernés. Car si un simple compte courant est soumis à un certain nombre de règles qui font que le titulaire ne peut disposer de son argent qu'à certaines conditions de délai ou de seuil, a fortiori un compte d'opérations[136] qui, lui, s'inscrit dans une logique encore plus complexe et plus particulière. Les choses sont, en effet, plus compliquées. D'autant que, en plus du fait que les Etats de la zone franc sont obligés de « déposer tout ou partie de leurs réserves de change[137] auprès de la Banque de France », en contrepartie : « de la fixité de la parité, de la convertibilité du franc CFA ou de la centralisation des réserves de change », ces Etats ne peuvent pas disposer à volonté de leur argent, qui se trouve d'ordinaire bloqué[138] à la Banque de France.

De plus, le mécanisme est tellement verrouillé que, lorsqu'il y a une transaction financière entre un Etat tiers et un pays de la zone franc, les devises de cette transaction doivent passer ou transiter nécessairement par la Banque de France. Quitte à ce que cette dernière prélève les intérêts[139] et verse le reste au pays destinataire du prêt, souvent à doses homéopathiques[140],

---

[136] Le Compte d'opérations est un compte que chacun des pays de la zone franc doit ouvrir auprès de la Banque de France (donc du Trésor Public Français), pour lui permettre d'effectuer des transactions financières.
[137] Ce qui constitue un manque à gagner pour les Etats africains. Car, les comptes d'opérations ne sont pas des comptes rémunérés. Et, le fait de déposer des réserves de change –qui sont en lingot d'or- ne génère aucun intérêt comme sur un compte d'épargne.
[138] Au sens scriptural. En fait, cet argent n'est jamais bloqué. Il circule par le biais des mécanismes et des opérations de spéculation boursières, sans que les pays africains n'en voient la couleur des intérêts générés.
[139] Dont le taux d'intérêt n'est pas précisé. De fait, il est fluctuant. En fait, il se situe entre 10 et 20% du montant de la transaction.
[140] Peut-être que la Chine qui a été parmi les leaders des pays non alignés au cours des années 50, ayant pris conscience de l'écueil que constitue la zone franc, en l'occurrence, préfère-t-elle contourner le mécanisme et aider directement les pays concernés comme on le constate sur le terrain ?

c'est-à-dire par tranches ou par fractions. Et, les délais sont souvent tellement longs qu'il peut s'écouler plusieurs mois sans que l'argent n'arrive à destination. Selon le Président Sénégalais, Abdoulaye WADE, cette masse : « en souffrance à la Banque de France, c'est-à-dire au Trésor Public Français, représente par année, environ une somme de mille milliards de Francs CFA. » Soit, environ 15.244.90000 euros. Ce qui représente une somme importante pour les économies de ces pays, qui ne peuvent ainsi profiter de cet argent pour investir dans divers projets. C'est dire le manque à gagner pour les économies de ces pays et pour leurs populations, privées ainsi d'une ressource injectable dans le développement.

Dès lors, la zone franc, loin d'être un outil de développement des pays africains, constitue plutôt un sérieux handicap à ce développement. Ses mécanismes bloquent toute perspective de développement. Et, une fois qu'on a lu les accords et les conventions régissant la zone franc, on ne peut être surpris que plusieurs décennies après, les pays africains soient dans un tel état de faillite, voire désastre économique. En effet, l'article 19 de la Convention de coopération monétaire entre les pays de la BEAC et la France prévoit sans aucune équivoque le monopole et l'exclusivité de ces accords : « Les dispositions de la présente Convention se substituent de plein droit à celles des conventions bilatérales ou multilatérales qui leur seraient contraires[141]. »

---

[141] Cf. article 19 de la Convention de coopération monétaire entre les pays de la Banque des Etats d'Afrique Centrale (BEAC) et la France.

Et, l'article 16 de ladite convention, quant à lui, enfonce le clou en prévoyant : « *La présente Convention reste valable pour une période indéterminée*[142]... » Ce qui montre combien la Zone franc constitue un véritable verrouillage pour ne pas dire un scellement de tout espoir de développement des pays membres de la Zone franc.

D'autre part, on peut constater que, depuis la création du franc CFA en 1945, ces pays n'ont pas connu de véritable avancée au plan économique. A sa création, le Franc CFA pesait plus lourd que le franc français. Il s'échangeait, en effet, contre 1, 70 Franc français[143]. Après la dévaluation du franc français, du 17 octobre 1948, le franc CFA avait atteint son plus haut niveau, puisqu'il s'échangeait[144] contre deux francs français. Mais, la création du nouveau franc français, le 27 décembre 1958, allait inverser définitivement la donne. Le Franc des Colonies Françaises d'Afrique devenait « Franc de la Communauté Française d'Afrique. » Mais surtout, le FCFA perdait de sa valeur de 100% puisqu'il s'échangeait désormais contre 0,02 franc français[145]. Alors que le franc français prenait de la valeur en s'échangeant contre 50 FCFA. Le 12 janvier 1994, le Gouvernement BALLADUR, ayant pour Ministre du Budget Nicolas SARKOZY, décide du jour au lendemain, de dévaluer de moitié c'est-à-dire de 50% le Franc CFA. Les mesures d'accompagnement promises à cet effet aux pays concernés –en contrepartie de l'acceptation de la dévaluation- continuent à se faire attendre.

---

[142] Cf. article 16 de la Convention de coopération monétaire entre les pays de la Banque des Etats d'Afrique Centrale (BEAC) et la France.
[143] En effet, 1 FCFA = 1,70 FF.
[144] 1 FCFA s'échangeait contre 2 FF (1FCFA = 2 FF).
[145] Ainsi, 1 FCFA = 0,02 FF.

Toujours est-il que le pouvoir d'achat des populations des pays de la zone franc a été divisé du jour au lendemain par deux. Ce qui a eu d'énormes conséquences et répercussions sur la vie quotidienne. Car, non seulement l'inflation a été multipliée par quinze, voire vingt ou trente dans certains cas, les prix des produits manufacturés se sont vus multipliés par dix ou par vingt. Les salaires, quant à eux, ont été revus à la baisse de manière significative jusqu'à la moitié dans certains cas. Et, la décision de dévaluation ayant été d'effet immédiat dès le 12 janvier 1994, le franc français s'échangeait, dès le 13 janvier 1994, contre 100 francs CFA. Et, le passage de la France à l'euro a eu un effet automatique, puisqu'il a conduit à arrimer le franc CFA à l'Euro. Ce qui aggrave davantage le gouffre et le fossé, puisque depuis le 1er janvier 1999, un euro vaut 655,957 FCFA, alors que celui-ci vaut 0,00152449 €.

Et, cette dévaluation a eu un effet pervers sur les économies des pays d'Afrique qui, en plus du fait qu'elles sont victimes d'une dépossession de leurs ressources et matières premières, exploitées à vil prix, elles ont été obligées de supporter les contraintes de cette dévaluation brutale. Ainsi, des «pays en voie de développement» qu'ils étaient au cours des années soixante-dix et début des années quatre-vingt, ces pays sont devenus ce qu'il convient d'appeler des «pays en voie de sous-développement croissant et accéléré.» Et, le corollaire de cette situation est que les populations des pays concernés subissent une misère devenue chronique, qui décime des familles entières et les condamne ainsi à l'exile forcé. D'où, l'immigration économique, provoquée à la fois par les dégâts, de la mainmise des sociétés multinationales occidentales sur les matières premières, ainsi que les guerres économiques qui en découlent. Cette immigration économique commence à la fin des années quatre-vingt, début des années quatre-vingt-dix, et emboîte le pas à l'immigration du travail, pratiquée avec plus ou moins de bonheur, depuis la fin du XIXè siècle.

Au demeurant, alors que ces populations commençaient, dans de nombreux pays africains, à caresser l'espoir d'accéder à la démocratie tant souhaitée par François MITTERRAND, dans son discours de la BAULE en octobre 1990, cet espoir n'a été que très éphémère, tant il fut escamoté, c'est-à-dire torpillé. En effet, devant la volonté affichée de certains dirigeants élus démocratiquement[146], de renégocier certains contrats dont la plupart remontent à la colonisation, l'occident en général et la France en particulier, craignant que ses intérêts économiques ne soient remis en question, a préféré encourager les régimes dictatoriaux à mettre en place. Et, le fonctionnement de ces régimes échappant aux règles de transparence démocratique et du contrôle par le peuple, assure à l'occident et à la France le maintien des intérêts et autres passe-droits au moyen du jeu des tours de passe-passe des circuits parallèles. Dans certains cas, des guerres économiques ont été livrées pour imposer les dictateurs, contre la volonté des populations qui les avaient déjà vilipendés et disqualifiés dans les urnes. Ce qui a causé des fuites importantes des populations. Ainsi, ces guerres, mais également le fait d'avoir verrouillé la dynamique de changement politique tant espérée et attendue par les pays africains et leurs populations, ont conduit à ce qu'il convient d'appeler une « immigration provoquée. » D'autant que dans ces pays plus qu'ailleurs, l'héritage qu'on fait peser sur les jeunes est absurdement lourd. La dette ici, est constituée pour une partie, des dessous-de-table ou des pots-de-vin, versés lors des nébuleuses opérations bancaires sur des comptes des maîtres occidentaux ainsi que leurs représentants, animateurs des réseaux FOCCART[147] et pour partie, de l'argent détourné par les dictateurs et tenu au secret dans des paradis fiscaux.

---

[146] A la tête d'un certain nombre de pays d'Afrique.

[147] Le maître à penser des réseaux qui portent son nom et qui incarnent la FRANÇAFRIQUE, qu'on peut définir comme un ensemble de relations nébuleuses, opaques voire mafieuses. La France a toujours préféré traiter avec des individus, malléables et corruptibles, plutôt que des institutions.

Et, pendant ce temps, beaucoup de choses ont changé ces quinze dernières années. La glasnost[148] et la perestroïka[149] ont rendu possible l'effondrement de l'Union des Républiques Socialistes Soviétiques (URSS) et du bloc de l'Est. Le mur[150] de Berlin ou « mur de la honte » a été, depuis, démantelé. Et, d'ailleurs, les deux Allemagnes sont aujourd'hui réunifiées. La bipolarisation du monde en raison de la guerre froide a laissé la place à un nouveau monde, avec son cortège d'autres problèmes, d'incertitudes, de peurs. Le 11 septembre 2001 a marqué de son empreinte l'histoire de l'humanité entière. Il a même conduit à adopter d'autres habitudes, d'autres réflexes d'ordre sécuritaire. Les Etats-Unis d'Amérique, forts de leur puissance militaire, voudraient jouer les maîtres du monde. Nombre d'autres pays sont devenus indépendants. L'Europe, de son côté a évolué. L'ancienne Communauté Economique Européenne (CEE), est devenue l'Union Européenne (EU). Et, depuis la fin de la guerre, elle a été reconstruite grâce au Plan Marshall[151]. Elle s'est développée, passant du Traité de Rome, de mars 1957 au Projet du Traité Constitutionnel[152], sans compter l'Acte Unique[153], le Traité de Maastricht[154], le

---

[148] C'est-à-dire la politique de transparence, visant à atténuer le caractère secret du système soviétique.
[149] Réforme du système soviétique mis en place par GORBATCHEV.
[150] Appelé autrefois, le « mur de la honte ».
[151] George MARSHALL, ce Général et Secrétaire d'Etat américain du président TRUMAN, à l'origine du « European Recovery Program », le 25 juin 1947, qui avait permis de reconstruire l'Europe occidentale.
[152] Qui a connu un accueil infructueux, dernièrement, lors du référendum de mai 2005 en France notamment.
[153] Sous Jacques DELORS, alors président de la Commission, il fut mis en place le « Livre Blanc », contenant des propositions devant permettre de déboucher rapidement sur une décision politique, sur l'achèvement du marché intérieur. En effet, le « livre Blanc » était un ensemble de 279 mesures visant à éliminer les barrières qui entravaient le fonctionnement d'un véritable marché européen intégré. Ainsi, l'AUE mettait en place un calendrier couvrant la période de 1985 à 1992 et fixait l'échéance de la fin de la construction du marché intérieur à la fin de l'année 1992.

Traité d'Amsterdam[155]. Bref, l'Union Européenne compte aujourd'hui vingt-sept membres contre six en avril 1957 lors du traité de Rome. Il a été crée une Banque européenne[156] pour la Reconstruction et le Développement, etc.

Ainsi, de son côté, l'économie mondiale a, depuis, changé la donne, puisqu'on est passé de l'Accord Général sur les Tarifs douaniers et le Commerce[157], à l'Organisation Mondiale du Commerce. Cette dernière a, désormais, consacré l'ère de la mondialisation et de la globalisation. Résultat, les prix des matières premières et des métaux précieux –dont un grand nombre de pays d'Afrique regorgent- sont déterminés par ceux qui ont, pourtant, vocation à les acheter. En raison de leur puissance –militaire notamment- ces pays pèsent de tout leur poids, pour maintenir les prix au plus bas niveau, afin de tirer le meilleur parti de leurs économies. De sorte que le moins qu'on puisse dire est que la mondialisation n'arrange pas la situation des pays d'Afrique francophone. Ce en raison du fait que des anciennes puissances coloniales, la France est

---

[154] MAASTRICHT est le traité de l'Union Européenne qui aura marqué de son empreinte l'histoire de la construction européenne. En effet, il est à l'origine de l'instauration de « l'UNION EUROPEENNE » tant est si vrai que les oppositions s'étaient déclarées y compris à l'intérieur des partis politiques. Et, les débats étaient nourris, contradictoires et difficiles. Le traité a été signé à Porto, le 2 mai 1992 et soumis à la ratification par référendum. Le 20 septembre 1992, il fut adopté avec 51, 04% des voix.
[155] Et, le 2 octobre 1997, le Traité d'Amsterdam étai signé.
[156] Sur l'initiative de MITTERRAND, il fut créée, le 29 mai 1990, la Banque Européenne de Reconstruction et de Développement (BERD) dont le rôle est de favoriser la transition vers une économie de marché en finançant le développement du secteur privé –60% des prêts de la BERD. Celle-ci est une banque d'affaire et une banque de développement.
[157] En Anglais, « General Agreement for Tarrifs and Trade » (GATT), signé en 1947, pour harmoniser les politiques douanières. Entré en vigueur dès janvier 1948, le GATT se verra assigner l'objectif de mettre de l'ordre aux désordres économiques de l'entre-deux guerres qui avaient conduit à la crise économique de 1929 ainsi que réguler la coopération économique internationale.

la seule qui ait gardé des liens politiques et économiques[158] très directs et étroits, qui rappèlent une autre époque, d'autres temps. En effet, L'Espagne, le Portugal et, depuis la mort[159] du Roi BAUDOUIN, la Belgique a aussi amorcé un tournant dans la reconnaissance de la pleine autodétermination de l'ancienne propriété privée de LÉOPOLD II, le Zaïre[160] que le roi avait cédé à la Belgique en 1908, avant sa mort. La Grande Bretagne, pour sa part, a entériné les principes onusiens en accordant la pleine souveraineté à ses anciennes colonies et, en instituant une sorte de marché commun des pays Anglo-saxons dont la règle d'or est l'égalité entre les Etats–grands ou petits- et les citoyens. En effet, dès la fin de la seconde guerre, la Grande Bretagne avait mis en place le « Commonwealth[161] » qui est une organisation à titre d'Etats souverains, fondée sur des valeurs comme la liberté, la non-discrimination, la démocratie et la primauté du droit[162]. Alors

---

[158] A travers la zone Franc et le contrôle exercé par la Banque de France.
[159] A MOTRIL, au Sud de l'Espagne, en juillet 1993.
[160] Devenu depuis 1996, la République Démocratique du Congo.
[161] Dans sa forme moderne, tel qu'il existe depuis la fin des années quarante. En effet, c'est en 1653 que fut crée le premier Commonwealth par Oliver CROMWELL qui, après avoir soumis l'Irlande catholique et l'Ecosse aux Stuarts, va instaurer le régime du Protectorat. Et, il a fallu que l'Inde accède à l'indépendance, en 1949, pour que le Commonwealth soit créé dans sa forme actuelle. Car, l'Inde avait choisi de conserver ses liens avec la Grande-Bretagne. Ce qui avait conduit le Royaume-Uni à organiser une sorte de marché commun regroupant 54 Etats indépendants –dont la moitié sont des petits pays qui comptent moins d'un million d'habitants. Le Commonwealth compte près du quart de la population mondiale et du tiers des membres des Nations Unies. Ce qui constitue un réseau à la fois politiques, diplomatiques, économiques, sportifs... dont la force procède de l'affirmation des valeurs de liberté, de souveraineté... qui donnent aux Etats du Commonwealth du caractère.
[162] Ainsi, la participation du Nigeria, membre depuis son indépendance en 1960, fut suspendue en novembre 1995, à la suite de l'exécution de Ken SARO WIWA et d'autres militants des droits de l'Homme. Ce qui était considéré comme une violation de la Déclaration de Harare de 1991. Il avait fallu attendre les élections de 1999 et l'élection de OBASANJO.

que, dans les pays d'Afrique francophone, la règle d'or est la primauté des intérêts de la métropole ainsi que ses sociétés multinationales. Remettre en question ces « acquis » pour ces pays, c'est synonyme de s'exposer à des représailles. Il faut « laisser passer, laisser faire[163]. » Il n'en reste pas moins que certains projets de développement sont souvent boycottés, s'ils ne sont pas purement et simplement censurés à coup d'intimidations et des menaces de tous genres. Par exemple, dès les premières années de son indépendance, le Congo voulait faire de l'agriculture un axe de son développement économique pour assurer l'autosuffisance alimentaire de ses populations. Une délégation congolaise avait obtenu de Paris un accord de vente du matériel et des engins d'exploitation agricole. La surprise fut grande de voir qu'au lieu du matériel agricole, on proposait de livrer au Congo, des chasse-neige.

C'est dire le degré de mépris et de cynisme. Ce qui montre la volonté de condamner l'Afrique à la dépendance, c'est-à-dire à la mendicité dès le début des indépendances. Et, comme au Congo, il n'est jamais tombé un seul flocon de neige ou une goûte de neige, ces chasse-neige avaient fini leur course dans un aéroport militaire du 9.3 (Seine Saint-Denis) où ils étaient restés entassés pendant plusieurs mois.

D'autre part, il y a quelques années seulement, un projet de construction d'une usine de pâte à papier a été purement et simplement sabordé à coup d'intimidations. Ce projet était susceptible de répondre à la demande et aux besoins de toute la zone d'Afrique centrale et au-delà. Et, toutes les conditions étaient réunies, à commencer par la matière première qui est le bois d'eucalyptus dont le Congo fait partie des meilleurs producteurs au monde. Mais, la France a fait pression pour que cette usine ne voie pas le jour. Au risque de perdre les marchés pour les produits des usines du centre de la France.

---

[163] Cf. la théorie libérale avec Adam SMITH ou David RICARDO.

Elle préfère acheter le bois d'eucalyptus pour s'en servir dans divers plans d'aménagement du territoire, notamment comme poteaux électriques –qu'on trouve, par exemple, dans des villes comme Brunoy dans le Département de l'Essonne.

Enfin, la Compagnie des Potasses du Congo (CPC) était, au cours des années soixante-dix, le deuxième employeur de la ville de Pointe-Noire[164], derrière le port autonome, le Chemin de Fer Congo-Océan (CFCO). Tout se passait pourtant bien lorsque, prétextant l'imminence d'une nationalisation à la suite d'un changement politique se réclamant du marxisme, la société a été engloutie sans crier garde, avec tout le matériel.

Saisie par voie de recours contentieux pour dédommagement, la Cour Internationale de la HAYE avait condamné la société multinationale –donc la France- à des dommages et intérêts. A croire que celle-ci préfère verser des dommages et intérêts que de voir se développer des parties du monde où elle a exercé –et exerce encore- sa souveraineté. Cette interrogation vaut aussi pour les Antilles françaises. Car, de même que le contraste est saisissant quand on survole la capitale du Tchad N'djamena et qu'on aperçoit le flamboyant aéroport militaire français à droite, comparé avec le hangar à gauche, qui n'est autre que l'aéroport international du Tchad ; quand on arrive en Guyane, on est saisi par le sentiment de coexistence de deux mondes qui se côtoient tout en s'ignorant. Et, le site et la cité de Kourou n'ont rien à voir avec le reste de la Guyane pratiquement délabrée... A Capes Terre (en Guadeloupe), à Saint-Denis de la Réunion, à Trechville (Abidjan), à Mpaka (Pointe-Noire au Congo-Brazzaville) ou encore à Beau séjour (Libreville au Gabon), le décor est, sinon similaire, du moins identique. Et, les problèmes et les maux des populations sont les-mêmes : chômage, pauvreté, misère, maladies... la liste est longue et non exhaustive.

---

[164] Deuxième ville du pays et capitale économique du Congo.

Cependant, quoi qu'il en soit, des exemples comme ceux qui précèdent foisonnent et montrent que le développement des pays du Sud, et particulièrement des pays d'Afrique, paraît verrouillé. Et, des politiques de développement, préconisées à la fois au niveau de l'Organisation des Nations Unies et des institutions internationales, n'ont rien donné de véritablement concret depuis près d'un demi-siècle maintenant. Pas plus que ces nombreux et successifs programmes d'Ajustement Structurel –qui du reste ne correspondent pas toujours à la réalité et aux attentes des pays concernés- n'ont eu un réel impact sur l'amélioration de la vie des millions d'Africains. Au contraire. Et pour cause, ces PAS ont souvent été imposés par les experts de ces institutions, comme la panacée à la misère des pays concernés. Cela, nonobstant le fait que ces politiques aient montré leurs limites depuis des lustres.

Et, il suffit de s'intéresser à la logique de fonctionnement de ces nébuleuses et opaques institutions, pour comprendre à peu près les mécanismes et les raisons d'un tel acharnement à imposer ces projets, quand bien même ils sont souvent voués d'avance à l'échec.

III.

L'AIDE ÉCONOMIQUE ET FINANCIÈRE DES INSTITUTIONS INTERNATIONALES : UNE RÉELLE ESCROQUERIE QUI CAUSE D'ÉNORMES DÉGÂTS

Les mécanismes de l'aide financière des institutions comme le Fonds Monétaire International et la Banque Mondiale, apparaissent davantage comme des artifices, c'est-à-dire des chausse-trapes, que des dons[165] susceptibles de permettre un véritable développement des pays concernés. En effet, au Fonds Monétaire International, par exemple, un simple vote de la part d'un Etat membre[166], est fonction de l'importance de son pouvoir financier.

« *One dollar, one vote.* » Telle est la sacro-sainte règle. Dès lors, évidemment, les pays occidentaux détiennent la majorité absolue –avec 17% pour les seuls Etats-Unis d'Amérique.

En ce qui est des mécanismes d'aide ou plus exactement des crédits, le Fonds Monétaire International accorde des crédits aux pays, quel que soit leur niveau d'endettement. Et, plus un pays est endetté, mieux cela vaut pour le FMI. Car, le critère d'endettement constitue une condition pour être éligible à un crédit du Fonds Monétaire International. Ce qui lui permet de renchérir dans sa « lettre d'intention », qui est une sorte de catalogue d'exigences économiques du Fonds Monétaire. Celles-ci concernent la plupart du temps la vente pour ne pas dire le bradage souvent à vils prix, par l'Etat candidat au prêt,

---

[165] Comme certains semblent souvent l'affirmer.
[166] Et, le Fonds Monétaire International compte 168 Etats membres dans le monde et sur les cinq continents.

de ses entreprises relevant de préférence des secteurs les plus rentables[167], à des multinationales occidentales.

Et, le corollaire est que certaines crises financières émanent des stratégies délibérées du Fonds Monétaire International. Et, Jean ZIEGLER[168] démontre certaines aberrations de ces organismes qu'il connaît bien de l'intérieur. Par exemple, au cours des années 1990, les pays d'Asie refusent l'entrée et la sortie des capitaux étrangers. Ce qui gêne considérablement le FMI qui décide de mettre sous surveillance les économies de ces pays. Mais, très vite, le Bath, la monnaie nationale de la Thaïlande, perd de sa valeur en 1997. Ce qui provoque la fuite des capitaux spéculatifs du pays. Pour répondre à cette situation, la Banque centrale de Bangkok est obligée de dépenser des centaines de millions de dollars sur ses réserves, pour acheter des bath et soutenir sa monnaie en perte de vitesse. Et, la Thaïlande se retrouve en cessation de paiement de sa dette vis-à-vis de ses créanciers. Ce qui, comme par un effet de dominos, entraîne dans sa chute, les économies de Taiwan, de l'Indonésie, de la Corée du Sud et des autres pays asiatiques de la région. Et, tout naturellement, c'est le Fonds Monétaire International qui devait accourir au chevet des pays asiatiques affectés par la situation, pour proposer des crédits en contrepartie de l'austérité budgétaire et monétaire et la réduction, souvent draconienne, des dépenses sociales.

---

[167] Par exemple, les secteurs de la banque, des assurances, des mines ou encore du transport.
[168] Cf. ZIEGLER (Jean), Rapporteur Spécial de l'Organisation des Nations Unies, Chargé du Programme Alimentaire Mondial (PAM), in Les nouveaux maîtres du monde, Editions Fayard, 2002.

Et, des exemples comme celui de la Thaïlande sont monnaie courante en Afrique. Un des exemples les plus significatifs est celui qui a été à l'origine de la dévaluation du Franc CFA, en janvier 1994. En effet, la France traversait une situation financière et boursière turbulente à la fin des années 1980 et début des années 1990. L'offre publique d'achat (OPA) sur la Société Générale avait déclenché une kyrielle d'affaires qui devaient affecter le milieu politique jusqu'au plus haut niveau de l'Etat. En effet, l'ami et Conseiller spécial du Président MITTERRAND, Monsieur GROSSOUVRE, s'était donné la mort dans l'enceinte même du Palais de l'Elysée. L'abattage médiatique qui s'était mêlé de la situation, évoquant un prêt immobilier illicite, avait ainsi précipité, aux dires de François MITTERRAND dans son allocution lors des obsèques de son ami et Premier Ministre, Pierre BÉRÉGOVOIX, le suicide de ce dernier, le 1er mai 1993.

Mais, le milieu des affaires, et en particulier les plus grands spéculateurs à l'instar de Georges SORROS, annonçaient une dévaluation inéluctable, voire incontournable et spectaculaire aux dires du spéculateur, du franc français. De sorte que par une sorte d'effet de levier, le Premier Ministre de l'époque, Edouard BALLADUR, avec son Ministre du budget, Nicolas SARKOZY, avait-il décidé de dévaluer le Franc CFA le 24 janvier 1994. La manière de faire est sinon similaire, du moins identique avec la pratique utilisée dans l'exemple ci-dessus sur les pays d'Asie : Créer les conditions de cessation de paiement. Ainsi, aidé par un certain Michel CAMDESSUS qui était Directeur Général du F.M.I, le Gouvernement de BALLADUR n'avait pas eu de mal à trouver les procédés qui devaient ainsi aggraver la situation des pays de la Zone Franc dont les économies, déjà agonisantes depuis plusieurs années, devaient été condamnées ainsi au chaos par ces mécanismes qui avaient déjà montré leur efficacité dans le démantèlement de la Thaïlande et les pays asiatiques.

La Banque Mondiale, quant à elle, n'est qu'une nébuleuse de sociétés et d'établissements, à la fois, financiers, de garantie d'investissement, de financement de reconstruction[169] ou de développement. La Banque Mondiale signifie en fait : The World Banq Group, qu'on pourrait traduire littéralement, le groupe mondial des Banques. Ainsi, la Banque mondiale est un ensemble qui comprend à la fois la compagnie financière internationale, la banque internationale pour la reconstruction et le développement, le centre international pour la gestion des conflits liés aux investissements, l'Agence multilatérale de garantie des investissements et l'association internationale pour le développement. Sans oublier la Banque Internationale pour la reconstruction et le développement[170], ainsi que l'Association internationale pour le développement.

Mais, il n'en reste pas moins que dans son fonctionnement, à l'instar du FMI, la Banque Mondiale alloue des crédits aux pays les plus endettés. D'autre part, elle finance des centaines de projets présentés comme des projets de développement. Elle prête en dernière instance, c'est-à-dire une fois que les autres organismes aient été consultés et aient, soit refusé en raison des critères qui sont les-leurs, soit accordé des prêts sollicités, mais jusqu'à un certain seuil.

---

[169] Pour des pays qui s'engagent dans l'économie de marché ou même ceux qui sortent d'une guerre. Ce qui fait de la Banque mondiale, à la fois une sorte de BERD.

[170] C'est-à-dire une sorte de Banque européenne de reconstruction et de développement à l'Américaine.

En effet, la pratique de la Banque Mondiale repose sur la sacro-sainte *règle dite du « Consensus de Washington.* » Ce principe n'est, en fait, ni plus ni moins que l'imposition par la Banque mondiale de la privatisation des entreprises publiques et autres biens, en échange des crédits, remboursables à des taux d'intérêt aussi exorbitants que colossaux qui asphyxient les économies des pays d'Afrique, en l'occurrence. De sorte que, comme le dit Jean ZIEGLER[171], la Banque Mondiale « impose l'empire des nouveaux maîtres du monde. »

Ainsi, au sein même de l'institution, cette pratique a souvent été à l'origine des divergences d'appréciation. Et, en janvier 2000, l'économiste et Vise-Président de la Banque Mondiale, *Joseph STIGLITZ*[172], *avait-il démissionné de ses fonctions, dénonçant le principe du consensus de Washington qui, pour lui, constitue une « pratique de la privatisation sauvage des économies des pays demandeurs de l'aide.* »

Et, ce n'est point la création au sein de la Banque Mondiale, d'un Département social regroupant quelques membres de diverses organisations non gouvernementales (ONG), parmi lesquelles on compte les associations françaises les plus connues pour leur action dans des domaines de la défense des droits et des libertés fondamentales, de la santé... qui va changer cette cruauté. Bien au contraire. La présence de ces prestigieuses associations semble plutôt servir de caution ou de paravent, pour masquer cette réalité et se faire meilleure conscience en manipulant certaines ONG.

---

[171] Cf. Jean ZIEGLER, op. Cit.
[172] Cf. le livre de Joseph STIGLITZ intitulé « *La grande désillusion* », traduit en français et paru aux Editions Fayard en 2002.

Ainsi, il n'y a rien d'étonnant dans le désastre économique, notamment des pays de la Zone Franc, tant ces pays comptent parmi les quarante-neuf pays les moins avancés[173] (PMA) de la planète. Car, sur les 49 PMA, l'Afrique compte à elle seule trente-neuf (39) au nombre desquels se trouvent les quinze pays de la zone Franc. Ceux-ci, paradoxalement, ne ménagent pas leurs efforts pour se maintenir PMA, encouragés et aidés en cela par la Mère Patrie qui se fait l'avocat auprès du Fonds ou de la Banque Mondiale.

Et, la conséquence est que dans la mesure où l'ensemble des PMA génère, seulement moins de 1% du revenu mondial et que leur dette représente plus de 120% du produit national brut (PNB), ces pays sont obligés d'engloutir plus de 20% de leurs dépenses publiques dans le service de la dette. De plus, l'ensemble des pays les moins avancés ne représente que 1,7% du commerce international. Et, l'Afrique remporte la palme du dernier continent en matière de croissance et du développement économique. De même, elle est le continent le plus pauvre, avec un produit intérieur brut par habitant qui n'a progressé en plus de trente années que de 0,4 notamment en pour les pays d'Afrique subsaharienne.

---

[173] Selon une terminologie de l'Organisation Mondiale du Commerce et des institutions financières occidentales.

Force est de constater que, si certaines voix s'élèvent parfois pour dire que l'état de sous-développement de ces pays procède du fait que les aides[174] sont versées directement aux dictateurs au pouvoir dans ces pays. Cela est sans doute vrai. Mais, cette vérité, pour la mettre en évidence, encore faut-il maîtriser les méandres ou les labyrinthes des circuits offshore qui sont par définition « off », c'est-à-dire opaques.

Quoi qu'il en soit, la question qui se pose est celle de savoir qui détient le pouvoir dans ces pays, qui place les dictateurs et à quelles fins ? Et, la question de Robert DAHL s'impose : « WHO IS WHO ? » ou qui est qui ? En d'autres termes « Qui gouverne ? » Sans être naïf et sans langue de bois, ce sont les capitales occidentales qui tirent les ficelles et gouvernent dans la pénombre ou dans l'ombre, pendant que leurs valets exercent le pouvoir de façade. Ainsi, ce sont ces capitales occidentales qui ont placé ces serviteurs, les soutiennent, les entretiennent et les bichonnent à coup de pots-de-vin et des dessous-de-table. Ces derniers, bien évidemment, échappent à toute transparence et à tout contrôle, puisqu'ils passent par des circuits parallèles savamment entretenus dans les paradis fiscaux et dans des capitales et villes occidentales. Ces circuits avaient été inaugurés à la fin des années 1960 début des années 1970 avec « l'aide liée. » Celle-ci n'était autre que chose qu'un ensemble de subventions des pays occidentaux à leurs sociétés qui étaient en place dans les pays d'Afrique par exemple. Du coup, l'aide liée consistait à reprendre avec la main gauche ce qu'on avait donné avec la main droite.

---

[174] Qui n'en sont pas la plupart du temps, au sens où les pays occidentaux consentiraient, de façon gracieuse –au travers du Club de Londres ou celui de Paris- des sommes à des pays africains, tant elles tombent dans le domaine de la dette publique. Dès lors, ces aides constituent plus des emprunts souscrits souvent à des intérêts exorbitants que des aides.

Résultat, les pays de la zone franc notamment, marquent le pas et régressent dans la pauvreté. Et la plupart de ces pays se réduisent à faire de l'admission à l'initiative « Pays Pauvres Très Endettés » (PPTE), et beaucoup d'autres initiatives de la Banque mondiale, un enjeu de politique gouvernementale[175]. C'est dire si le Noir a été dépossédé de son âme, de sa dignité et qu'il a appris à mépriser sa négritude qu'il préfère même se résigner à n'être plus qu'une créature domestique.

Et, plusieurs illustrations le montrent. Les accords[176] ACP dont la vocation était de lier les pays d'Afrique, des Caraïbes et du Pacifique à la Communauté Economique Européenne, en sont l'une des illustrations. Et, ces accords constituent la quatrième partie du traité de l'Union Européenne. Celui-ci consacre un chapitre sur « l'Association des pays et territoires d'outre-mer » regroupant les territoires non européens ayant des « relations particulières » avec des Etats membres de l'Union européenne.

---

[175] Soutenus et aidés par la mère patrie qui s'est souvent constitué en avocat auprès de Paul WOLFOWITZ, un des anciens faucons de George BUSH, devenu depuis, Président de la Banque Mondiale ou même auprès de ses prédécesseurs.

[176] Ce sont les accords dits « Afrique, Caraïbe et Pacifique. » La première Convention a été signée le 20 juillet 1963, à Yaoundé au Cameroun.

En tout état de cause, après les conventions de Yaoundé du 20 juillet 1963 et du 29 juillet 1969 et les cinq conventions de Lomé[177], la situation économique et sociale de l'Afrique n'a jamais été aussi catastrophique. Alors que, ces accords et ces conventions ont pour vocation de garantir un certain nombre d'avantages comme la clause commerciale préférentielle[178], la coopération financière et technique ou encore les différents mécanismes d'aide qui n'ont d'original que leur nom. C'est le cas des mécanismes de soutien des cours des produits agricoles[179] ou miniers[180]. En théorie, toutes ces conventions ainsi que les différents instruments qui les sous-tendent sont une excellente idée.

Mais, il n'en reste pas moins que dans les faits, ces principes, ainsi que ces mécanismes apparaissent comme des leurres, des chausse-trapes, c'est-à-dire de la poudre aux yeux, tant ils dissimulent, en fait, un «pillage à huit clos[181]», empruntant des contours quasi-juridiques et reposant sur la logique de la morale des affaires, dont l'unique enjeu est le profit. Ce qui explique que certaines opérations de financement d'aide aux

---

[177] Notamment les accords dits : Lomé I (signé le 28/02/ 1975) ; Lomé II (signé le 31/10/1979) ; Lomé III (signé le 8/12/1984), Lomé IV(signé le 15/12/1989) et Lomé IV (révisée en 2000).
[178] Ce qu'on appelle en droit international, la « clause de la nation la plus favorisée''. En l'occurrence, on parlerait de la clause ''des nations les plus favorisées. » Cette clause est aujourd'hui contraire aux principes de l'Organisation Mondiale du Commerce (OMC).
[179] S'agissant de l'agriculture, par exemple, le *Fonds de Stabilisation des recettes d'Exportation sur les produits agricoles* (STABEX) a pour vocation de financer les pertes occasionnées par les mauvaises récoltes ou en cas de chute des prix agricoles.
[180] Le « SYSMIN », quant à lui, est un mécanisme qui consiste, pour un pays dont l'économie repose sur un minerai particulier, et confronté à un recul de ses exportations, à accéder aux prêts « **Sysmin.** » Ce dernier a pour objectif d'atténuer la dépendance du pays à l'exploitation de ses ressources minières.
[181] Cf. le titre du livre de Xavier HAREL, paru chez Fayard en 2006.

pays d'Afrique, en l'occurrence, soient parfois organisées en marge des budgets classiques. Ainsi, l'Union Européenne[182] recours parfois au Fonds européen de développement, qui est un instrument spécifique qui sort du cadre classique.

Toutefois, force est de constater que près d'un demi-siècle après ces conventions et ces accords portant à la fois sur la fois la zone franc, les pays ACP et les plans d'ajustement structurel, ces conventions et accords dont l'objectif affiché et sans cesse exhibé était de développer les pays d'Afrique sont loin d'avoir atteint les objectifs escomptés. Au contraire. Ils semblent même avoir contribué, de manière irréfutable, au marasme, c'est-à-dire à l'aggravation de l'état de faillite dans lequel se trouvent ces pays. Et, l'illustration est donnée par la description que fait Jean ZIEGLER[183] de la sous-alimentation dans les pays d'Afrique qui a doublé ces trente dernières années. L'une des causes de cette situation étant, selon lui, le dumping agricole en raison des subventions agricoles versées par les pays du Nord à leurs agriculteurs.

Ce qui amène à se poser la question de la coresponsabilité dans la banqueroute des pays d'Afrique et l'étai de pauvreté chronique dans lequel ils sont maintenus depuis des années. Cette question paraît d'importance, voire cruciale notamment lorsqu'il s'agit de comprendre le cadre des relations entre la France et les pays d'Afrique et l'incidence sur l'immigration provoquée qui en est la conséquence. Car, priver ces pays et leurs populations de leurs ressources et matières premières et imposer les gouvernements qui n'ont pour seule raison que

---

[182] Certains n'hésitent plus à dénoncer ce système déjà suranné qui divise de plus en plus les pays de l'Union Européenne sur la question de maintenir la mainmise déguisée sur les pays du Sud.
[183] Jean ZIEGLER est Rapporteur Spécial des Nations-Unies. Dans son dernier livre intitulé : Les nouveaux maîtres du Monde, il dépeint un tableau très sombre de l'état des pays d'Afrique. Mais, surtout, il dénonce l'ordre mondial tel qu'il existe, puisqu'il affame les plus pauvres.

garantir les intérêts occidentaux, ce n'est ni plus ni moins qu'un appel à l'exil de ces populations africaines qui n'ont d'autre choix que de s'inviter à partager le fruit de ce qu'elles pensent être le fruit de leurs matières premières. Cela, parce qu'elles se disent qu'elles ne pourront jamais espérer partager le gâteau au prorata, autrement dit à égalité. D'autant qu'ils sont prédestinés aux travaux ingrats et les plus pénibles, à des métiers sous-payés. Ainsi, les métiers qui leurs sont destinés sont par exemple : éboueurs ; agents de nettoyage dans des hôtels, des bureaux ; agents de sécurité dans des magasins, des galeries marchandes et des boutiques de luxe[184], aides aux personnes âgées et aux personnes à mobilité réduite dans des associations d'aide à domicile ou agents des vendanges et manœuvres dans des chantiers de bâtiment et travaux publics (BTP) et de construction d'autoroutes, etc.

Quoi qu'il en soit, il convient de reconnaître que la France est un des pays les mieux nantis. Elle a, en effet tout pour réussir dans des domaines divers et variés. Mais elle donne parfois le sentiment de ne pas savoir saisir les opportunités qui sont les siennes pour faire éclore les talents qui dorment dans ses villes, dans ses campagnes et dans ses banlieues ou ses cités. Ainsi, elle attend que MODIBO KÉITA ait fait ses preuves dans la NAZA, en envoyant des robots dans l'espace, pour se consoler de ce qu'il est francophone parce qu'il est originaire du Mali, alors que venant de son Afrique, il était passé par la France qui n'avait pas cru en lui et en son projet. De même, de nombreux maliens susceptibles de devenir des MODIBO sont régulièrement reconduits chez eux, dans des conditions inhumaines, sans qu'on ne se soucie de donner à ces milliers d'enfants la chance de s'épanouir, de faire leurs preuves.

---

[184] Où ils se contentent de renifler les odeurs de la luxure, et se satisfont d'assurer la garde de telle ou telle enseigne. Ce qui se ramène à ce que, l'Africain est devenu tellement pénétré de son indignité qu'il n'hésite plus à consentir à n'être plus qu'une créature domestique.

D'un autre côté, il a fallu attendre que Aravan RÉZAÏ sorte de sa galère, vivant dans une caravane avec ses parents pour, enfin, lui proposer d'intégrer l'équipe féminine de tennis et dans la foulée, la nationalité française. Dernièrement encore, le jeune Gonzalo HIGUEN, né en France[185] il y a vingt ans, de père Argentin, lui-même ancien joueur de football à Metz, s'est vu proposer d'être sélectionné dans l'équipe de France de football, au motif qu'il est né en France. Alors que, dans le même temps, d'autres jeunes, nés eux aussi en France, errent dans l'oisiveté et le désœuvrement, faute de bénéficier des possibilités de réussite dans les quartiers mouroirs où ils sont parqués comme du bétail avec leurs parents. On peut penser que si le père de Gonzalo HIGUEN n'avait pas fait le choix de repartir en Argentine, son fils aurait peut-être fini comme ces nombreux jeunes gens des cités qui subissent, chaque jour ou presque, la stigmatisation de certains dirigeants politiques. Autrement dit, il aurait été traité, comme ces jeunes gens des quartiers, devenus des sortes de sacrilèges de la République. Car, eu égard à la situation et aux difficultés auxquelles sont confrontés ces jeunes, leur sort semble prédestiné à être des chômeurs ad vitam aeternam ou des casseurs.

En tout état de cause, les principes de la Charte des Nations Unies, ainsi que ceux du Préambule de la Constitution du 27 octobre 1946, n'ont pas été appliqués. Alors que ces principes posaient déjà les bases, autrement dit les fondements d'une problématique qui ne se pose pas en termes d'immigration, mais de développement et d'autodétermination économique.

---

[185] Qui sait, peut-être un jour on fera appel à la petite Mathilde, née elle aussi en France il y a trois ans seulement, mais qui vient d'être expulsée au Mali, le pays de sa maman, Madame Hourey SACKO, qui fait partie des Sans-papiers du squatte de Cachan et du gymnase du même nom. Gageons qu'elle s'illustre un jour dans un domaine, l'athlétisme, le tennis, le volley-ball ou bien le hand-ball, la République saura à ce moment-là lui être reconnaissante. Cela ne sera que justifié. Car, elle est née en France.

CHAPITRE QUATRIÈME

LA NÉCESSAIRE REMISE EN QUESTION DE L'APPROCHE FRANÇAISE DE L'IMMIGRATION DANS LE BUT D'UNE ÉGALITÉ EFFECTIVE

> « *Je préfère une liberté pleine de dangers à l'esclavage dans la paix.* »
>
> Jean-Jacques **ROUSSEAU**, *Le Contrat social.*

Cette pensée de Rousseau traduit bien la problématique de l'immigration à la fois lorsqu'on l'envisage par rapport aux difficultés rencontrées par les immigrés, lorsqu'ils arrivent en France et au regard du mal qu'éprouve la France à couper le cordon colonial. Et, les discriminations dont sont victimes les populations d'origine étrangère conduisent à se demander si la cohabitation entre les différentes composantes qui forment la société française aujourd'hui est une chose qui est possible ou pas. D'autre part, le mieux ne serait-il pas de déghettoïser la société et de créer les conditions d'une véritable mixité et d'une vie dans la tolérance et dans le partage réciproque ? Pour ce faire, il faut reconsidérer l'approche française de l'immigration et créer les conditions d'une égalité effective entre, d'une part, les Citoyens français de toutes origines, et entre les pays ou les Etats. En toute évidence, s'agissant des relations avec les pays africains, la seule voie de salut serait de couper le cordon colonial et de mettre fin à cette tutelle et à ce paternalisme déguisé en prédateur qui a été préjudiciable jusqu'ici pour les pays d'Afrique et pour leurs populations.

I.

BLANCS, "BLACKS", "BEURS" : IMPOSSIBLE COHABITATION ?

Le moins que l'on puisse dire est que les relations entre les Blancs, les Noirs et les Arabes avaient mal commencé. Car, la rencontre entre les populations européennes[186] et celles africaines s'inscrivait dans un rapport de force colonial. Or, la colonisation répondait à une logique de différenciation entre les dominateurs d'une part, c'est-à-dire les colonisateurs et les dominés, les colonisés d'autre part. De sorte qu'il était hors de question pour les dominateurs d'habiter dans les mêmes quartiers que les dominés. La construction des villes africaines, en particulier les capitales, a été faite de telle sorte que le centre-ville soit, à l'instar d'une forteresse, le quartier réservé aux Blancs. Les seuls indigènes qui étaient autorisés à accéder au centre-ville, c'étaient des gens de service ou les boys, qui étaient munis d'un « sauf-conduit[187] », une sorte de passeport qui justifiait l'autorisation d'accès au centre-ville.

---

[186] Il convient de comparer le système colonial anglais à celui français, pour avoir une idée assez nette de la différence d'approche coloniale. Car, si le système colonial britannique s'appuyait sur le respect des coutumes et des pratiques des populations autochtones, le système colonial français, quant à lui, se fondait sur l'assimilation des populations. Les populations indigènes n'avaient pas le droit d'avoir des croyances, des pratiques, c'est-à-dire une identité différente de celle des colons. D'où, l'imposition, y compris par les armes, des valeurs considérées comme civilisatrices.
[187] L'expression « sauf-conduit » remonte à cette époque, pour traduire le caractère exceptionnel de l'accès à ces quartiers réservés aux seuls blancs.

Quant aux autres indigènes, toute aventure au centre-ville constituait une infraction, c'est-à-dire d'une voie de fait punie de fouet, d'une peine d'emprisonnement ou de mort[188]. Et, s'il est vrai que les populations avaient souvent été divisées, y compris par la force, il est également vrai que la plupart des villes africaines, notamment les capitales, ont été construites selon le même schéma. C'est, par exemple le cas, au Congo, au début des années 1900, où il avait suffi qu'une poignée de commerçants et quelques missionnaires s'installent à Mfoa[189] pour que Brazzaville devienne, en 1904, la capitale du Congo Français[190]. Et, très vite, les colons procèdent à la création sur des sentiers battus, des « villages urbains » de Poto-Poto et de Bacongo. Ces villages urbains étaient destinés à accueillir les populations autochtones qui représentaient en 1900 à environ 5.000 habitants. Ces populations avaient été chassées de leur village qu'elles occupaient depuis des générations et qu'elles avaient hérité de leurs aïeux et de leurs ancêtres. En 1909, en effet, des mesures d'expulsion des populations indigènes sont prises. Et, ces mesures feront de Mfoa la ville européenne, réservée aux seuls Blancs. Tandis que, Poto-Poto, Bacongo ou encore Dakar, crées à la hâte à bonne distance de Mfoa, devaient accueillir les indigènes déplacés de force de leurs habitations auxquelles ils étaient habitués pour dormir à la belle étoile, le temps de reconstruire les cases traditionnelles.

---

[188] En effet, le Code Noir qui servait de support normatif et qui régissait les rapports, prévoyait dans son article 34 : « *Quant aux excès et voies de fait qui seront commis contre les personnes libres, voulons qu'ils soient sévèrement punis, même de mort.* » Et, l'article 35 de ce Code ajoute : « *Les vols qualifiés, même ceux de chevaux, cavales, mulets, bœufs ou vaches... commis, seront punis de peines afflictives, même de mort, si le cas le requiert.* »
[189] MFOA est le nom du village traditionnel et siège de la résidence du roi MAKOKO, qui est l'ancêtre de l'actuelle capitale congolaise, Brazzaville.
[190] Lequel Congo-français regroupait le Gabon et le Moyen-Congo.

Et, dans le même temps, une discrimination sera pratiquée au sein-même de la catégorie d'indigènes. En effet, le village urbain de Dakar sera réservé aux tirailleurs sénégalais, en guise de récompense au mérite de leurs gris-gris qui avaient permis de venir à bout des indigènes pendant les guerres de résistance à l'occupation coloniale. En effet, pour vaincre les populations indigènes, les colons avaient compris que les seules armes ne pouvaient permettre d'anéantir la résistance farouche qu'opposaient les indigènes. Il fallait faire appel à une autre dimension, celle des « gris-gris. » Et, les Sénégalais dont le pays était déjà sous la domination française devaient ainsi faire leurs armes et permettre aux colons de vaincre la résistance. D'où, l'expression « tirailleurs Sénégalais » pour traduire le fait qu'ils tenaient leur force ou leur génie guerrier d'ailleurs que dans des armes modernes et autres canons qui avaient montré leur limite devant la réalité des indigènes qui avait mis les colons à rude épreuve pendant plusieurs années. Puis, par l'arrêté du 5 octobre 1911 l'administration coloniale décide de construire une ville européenne, réservée aux seuls Blancs. Cette expulsion ou expropriation des indigènes avait suscité la colère du premier des indigènes, le roi MAKOKO qui s'était vu forcer d'abandonner le siège de son royaume, Mfoa[191] et de renoncer par-là même, à l'exercice de sa pleine souveraineté qu'il tenait de ses aïeuls depuis des générations.

---

[191] MFOA était un petit village construit au bord du fleuve Congo. Mais, les 30 septembre 1880 et 3 octobre 1880, la signature du traité entre le Roi MAKOKO et de BRAZZA a lieu. La station française de NCOUNA sera très vite créée. C'est le Sergent MALAMINE qui aura la charge de garder cette station où flottait le pavillon français. Le 1er juillet 1881, la Société de Géographie et le Comité de l'Association internationale Africaine décident de changer le nom de NCOUNA en BRAZZAVILLE. Dès lors, à partir de 1884, les populations indigènes commençaient à être expulsées de Mfoa qu'elles occupaient depuis toujours. Les protestations du Roi MAKOKO et son obstination à conserver son autorité sur son territoire lui avaient valu d'être arrêté et jeté en prison sans autre forme de procès. Et, en 1892, c'est-à-dire après huit années d'emprisonnement, il meurt dans sa cellule de prison, dans l'oubli et dans l'indifférence totale.

Ainsi, partout où les colons passaient, le rapport de force était le même. Et, les expulsions des populations[192] autochtones, étaient courantes. Ainsi, pendant plusieurs décennies, les rapports dans les colonies d'Afrique étaient structurés autour d'une ville européenne construite suivant un plan cadastral et une architecture agencée, et des sortes de « favelas » dressés de façon désordonnée. Dans ces conditions, il n'y avait pas de véritable rencontre. Pas plus qu'il n'y avait de dialogue entre les colons et les populations autochtones.

Dès lors, au complexe de supériorité des Blancs s'opposait un autre complexe, celui d'infériorité des Noirs. Car à l' époque, les Blancs apparaissaient aux yeux des indigènes comme des êtres supérieurs. Et, le moins qu'on puisse dire est que toutes les conditions étaient réunies pour que se développe ce genre de sentiments. En effet, le Code Noir était érigé en système de pensée, en doctrine alors que ses dispositions régissaient de façon générale, les relations entre les colonisateurs et les colonisés et, en particulier, entre les Blancs et les Noirs.

De plus, aidés par quelques penseurs considérés comme des scientifiques à l'instar du naturaliste Charles DARWIN[193], les colons ne pouvaient côtoyer des êtres qu'ils considéraient comme *naturellement différents et inférieurs*. C'est dans cet état d'esprit que les rapports entre les Blancs et les indigènes ont été institués, construits, voire organisés pendant plusieurs décennies. De sorte qu'il était hors de question de former ou d'instruire les indigènes. Les expressions comme : « Laver la tête la tête d'un singe, c'est perdre son savon » remontent à

---

[192] Surtout lorsque les villages se situaient au bord d'un fleuve, en hauteur ou à un endroit susceptible d'être stratégique.
[193] Dans son ouvrage : De l'origine des espèces par voie de sélection naturelle, écrit en 1859, il affirme que les dons et l'intelligence sont naturellement fonction de la race. Ce qui revenait à dire que les Noirs étaient inférieurs aux blancs alors que ceux-ci étaient supérieurs.

cette époque. Ainsi, pour un indigène, arriver au niveau du CEPE, c'est-à-dire CM2, relevait d'un exploit. Ce qui, non seulement consacrait d'office une réussite sociale, mais en plus couronnait une promotion humaine, un changement de rang social et de classe sociale avec toute la considération[194] qui en découle, puisque les indigènes se ''débarrassaient'', de la sorte, de **leur condition ou statut d'indigénat pour devenir des « affranchis »**, c'est-à-dire des personnes émancipées, civilisées. Ils devenaient ainsi des sortes de Blancs, en raison de leur culture, leur savoir et leurs connaissances, puisqu'ils savaient lire et écrire au même titre que les Blancs. Pour leurs paires, ces affranchis devenaient des « initiés des blancs[195] » ; ils n'étaient plus tout à fait les mêmes. Ils étaient désormais voués à la fois à la culture locale[196] et à la culture étrangère, celle des Blancs, qui était demeurée jusque-là un mystère, un luxe inaccessible pour des indigènes, parce qu'interdite.

Mais depuis, beaucoup de choses ont changé. Les indigènes se sont depuis, « affranchis. » Ils ont fait des études et obtenu des diplômes comme tout le monde. Qui plus-est, ils pensent, mangent, consomment et vivent à l'occidental. Au point que, comme l'écrivait Léopold Sédar SENGHOR : « l'Émotion est Nègre, mais la Raison est Hellène.» En d'autres termes, en raison du processus d'acculturation dû à la colonisation, ce qui reste de nègre chez le Noir, c'est son émotion, son affect. Alors que sa Raison tout entière, son raisonnement, c'est-à-dire ses catégories de pensée et même de représentation sont devenues occidentales ou françaises selon les cas. Autrement dit, l'Africain a perdu la quintessence de sa culture originelle

---

[194] Au regard, c'est-à-dire aux yeux des blancs.
[195] Amadou HAMPATÉ BÂ présente, dans son roman : « L'étrange destin de WANGRIN », le principal personnage dans cette optique de dualité à la fois de culture, de vue, d'éducation, d'action, bref dualité de richesse tout simplement.
[196] Protéiforme, tant elle initie, protège, éduque, prépare à la tolérance.

pour adopter celle occidentale et française, tant dans leurs us de penser, de s'habiller de réfléchir et de manger, etc. C'est dire qu'il y a eu des changements pour ne pas dire des transformations dans des manières de voir, de sentir et d'agir qui, jusque là, pouvaient apparaître incompatibles. Au point qu'il apparaîtrait aujourd'hui, assez incongru d'invoquer une incompatibilité d'ordre culturel. Il reste simplement que, les différentes communautés[197] se rencontrent véritablement et apprennent à se découvrir, à se connaître. A partir de là, tous les préjugés et les différents a priori tomberont tout seuls.

Car, au-delà des différences apparentes, les Noirs, les Arabes et les Blancs partagent les mêmes aspirations de liberté, de paix, de travail, de réussite, d'épanouissement, etc. Et, ils ont les mêmes valeurs : le respect d'autrui, le goût de l'effort et du travail, l'obéissance, la générosité, le respect des règles de vie en société, le sens de la vie en société... Ce qu'il reste, c'est tout simplement que les pouvoirs publics mettent en place les conditions d'impartialité et assurent une véritable égalité de tous les Citoyens. De même, les pouvoirs publics doivent assurer une fraternité à l'échelle de tous les Citoyens, afin que la Liberté tant clamée et affichée depuis 1792 avec la proclamation de la République, devienne une réalité effective pour l'ensemble de la population française, et non pas comme quelque chose de virtuel pour une partie de cette population. Il s'agit, pour la République de revenir aux fondamentaux de la Déclaration des droits de l'Homme et du citoyen de 1789.

---

[197] Communautés au sens sociologique du terme : blanche, noire et arabe.

C'est dire si de nos jours, la question ne se pose pas dans les mêmes termes qu'à l'époque coloniale. La France n'est plus ce qu'elle était. Le seul problème est qu'on ait recrée, peu ou prou, les-mêmes conditions d'un habitat de type colonial en métropole, pensant peut-être que la situation serait restée immuable. En effet, pendant plusieurs années, l'on a perpétué ou presque, le modèle colonial en ne créant pas les conditions d'une mixité sociale en mélangeant les populations. Et, on a concentré des populations immigrées dans des « zones sans droits[198]. » Et, ces quartiers tendent à devenir des sortes de « sanctuaires de non droit[199]. » Alors que, ce qu'il faut, c'est unifier la Nation, pacifier les rapports entre les différentes composantes sociologiques du pays. Car, la société a évolué depuis. Les mentalités aussi. Le temps où l'on parlait des affranchis est désormais révolu. Les efforts ont été faits dans toutes les communautés. Les Noirs et les Arabes ne peuvent plus être considérés comme des affranchis. Ils ont fait leurs preuves dans différents domaines. Il faut tourner la page du rapport de force dominateurs et les dominés, qui appartient à un autre temps, à une époque révolue.

Certains pays ont déjà montré la voix dans ce sens. Et, sans avoir de penchant pour l'actuel Président américain, on peut néanmoins lui reconnaître le mérite d'avoir rapatrié des centaines de milliers de Bantoues d'Ethiopie, en 2002, sans aucune contrepartie, alors que ces Bantoues étaient massacrés au seul motif qu'ils étaient de race Noire.

---

[198] Au sens où l'on y a mis des gens à qui l'on ne veut reconnaître les mêmes droits que les autres Citoyens Français. De sorte que, ces quartiers apparaissent comme des sanctuaires des discriminations de toutes sortes.
[199] Au sens où la loi a du mal à s'y appliquer ; l'autorité de l'Etat éprouve du mal à s'imposer.

De même, certains ont démesurément amplifié la votation ou le référendum qui a eu lieu dernièrement en Suisse lorsque, à plus de 60% les Suisses ont choisi de durcir la législation en matière d'immigration. Ils ont peut-être oublié ou ils font fi de ce que la Suisse est un pays qui, en raison de sa neutralité historique, ne peut être comparée à un autre pays en Europe occidentale et avec aucun autre pays au monde ! En effet, la Suisse n'a pas un passé colonial, comme la plupart des pays de l'Europe. De plus, la Suisse est le berceau de la législation protectrice à la fois des prisonniers de guerre, mais également et surtout, des exilés et apatrides, grâce à la Convention de Genève du 28 juillet 1951 et de son protocole, signé le 31 janvier 1967, à New York. Ce qui suffit à tempérer l'écho amplifié et exagéré et le parallèle autour du durcissement de la législation suisse sur le droit des étrangers. D'autant qu'en Suisse, par ailleurs, la politique d'indifférenciation, autrement dit d'acceptation des communautés étrangères s'inscrit dans une tradition d'accueil assez ancienne. Ainsi, le droit de vote des étrangers est reconnu aux élections locales, dès lors que les immigrés justifient de la régularité de leur séjour. D'autre part, la Suisse est un pays d'à peine 41.290 km2, pour une population de 7. 361.994 d'habitants, dont 21% d'étrangers. Ce qui représente plus d'un million et demi d'immigrés (soit 1.546019). La Suisse fait mieux comparativement à des pays comme l'Allemagne ou la France qui sont dix ou trente fois plus grandes et plus peuplées, mais qui ne font pas 10% de personnes d'origine étrangère. Et ce, malgré leur long passé colonial et leurs liens avec les pays d'immigration.

II.

L'INCONTOURNABLE DÉGHETTOÏSATION DE LA SOCIÉTÉ FRANCAISE

Les problèmes de ce qu'on appelle, parfois avec un certain mépris, les « cités », sont le résultat d'une accumulation de situations que les pouvoirs publics n'ont jamais pu/ou voulu régler. Ce qu'il faut aujourd'hui c'est une réelle et vigoureuse volonté, mais aussi une ambition républicaine. En effet, le problème s'est posé dès le départ. Ces hommes que la France et l'Europe étaient allées chercher, pour certains au fin fond de l'Afrique, au lieu de les accueillir comme des personnes humaines à part entière, ont été, au contraire, traités comme des êtres différents pour ne pas dire des sous-hommes qu'il fallait isoler dans des camps, séparés des habitations et des villes par des grillages et des barbelés. Et, ces hommes ont vécu –en plein XX è siècle- dans ce pays des « Droits de l'Homme et du Citoyen », soumis à des contraintes dignes de celles qu'on faisait subir aux esclaves. Ainsi, en considérant que certaines de ces personnes n'étaient point des Citoyens Français, elles n'étaient pas moins des personnes humaines. Et à ce titre, les Révolutionnaires leur reconnaissaient aussi des droits à travers la Déclaration des Droits de l'Homme et du Citoyens de 1789. En effet, les droits qui sont prévus dans la Déclaration de 1789, concernent tous les Hommes[200], sans aucune distinction. Ainsi, le fait de les avoir concentrés dans des sortes de ghettos et de ne pas les mélanger avec les autres populations a contribué, d'une certaine manière, à perpétuer le schéma colonial, avec ce qui le sous-tendait : le rapport de force entre dominateurs et dominés. Ce qui ne pouvait que nourrir, c'est-à-dire renforcer, le sentiment communautaire.

---

[200] En considération du « jus naturalis » ou droit naturel et du « jus gensis », c'est-à-dire droit des gens, qui s'appuie sur une recherche de la justice ou de l'équité guidée par la finalité de l'Homme et de l'univers.

Car, cela crée le sentiment d'avoir plus de droits ou moins, selon qu'on est d'origine immigrée ou autre. Par exemple, l'accès à l'emploi, au logement[201], au crédit ou encore aux loisirs est plus difficile pour les Français d'origine étrangère et notamment africaine. Ainsi, si les premières générations d'immigrés ont fait preuve de docilité, leurs enfants et petits-enfants, semblent vouloir prendre conscience de cette sorte de « servitude volontaire » dont parlait Etienne de la BOETIE et veulent s'affirmer comme des enfants de la République à part entière. Même s'ils ils ont parfois tendance à mal s'y prendre, reproduisant, par mimétisme peut-être, les images de violence de certains de leurs aînés, à l'instar de « Zorro[202] », lors de la grève des chauffeurs de camions en 1999, ou bien encore les agriculteurs qui, lors de leurs « opérations coups de poing » n'hésitent pas à badigeonner des frontons des Préfectures et autres édifices publics, des produits agricoles.

Au demeurant, l'histoire de la France est une succession des violences. De la Traite Négrière aux émeutes de novembre 2005, en passant par la Révolution de 1789, la Restauration (d'abord, sous Louis XVIII entre 1814-1815 et 1815-1824, puis sous Charles X entre 1830-1830), la Monarchie de juillet (avec Louis Philippe 1er entre 1830-1848), le Second Empire (avec l'Empereur Napoléon III, entre 1852-1870), l'Etat français (avec Philippe PÉTAIN, entre 1940-1944) ou encore les guerres coloniales et les barricades. La violence a souvent été prise à témoin. A croire que les pouvoirs publics n'ont pas tiré les leçons des erreurs du passé. Car, afin d'éviter que ne se reproduisent ces violences, il faut anticiper sur ce qui serait susceptible de les engendrer. Gouverner dit-on, c'est prévoir.

---

[201] Certains se voient refuser la location ou l'achat d'un logement, à cause tout simplement de la couleur de leur peau.

[202] Le leader des conducteurs de camions qui s'était imposé par sa hargne et son imposante apparence et avait obtenu sans fioriture de Jean-Claude GAYSSOT, alors ministre des transports, l'ouverture des négociations.

Mais, le logiciel de la prévention ne paraît pas fonctionner, puisque même lorsqu'il y a des symptômes, des présages ou des signes avant-coureur[203], les pouvoirs publics semblent préférer s'adonner à ce qu'on pourrait appeler la politique de l'instantané, celle du coup par coup, c'est-à-dire du cas par cas. Cette approche laisse une grande place à la compassion et moins à l'analyse prospective du problème et les réponses appropriées à y apporter. De sorte que, à l'instar des sapeurs pompiers, les pouvoirs publics interviennent afin d'éteindre l'incendie qui résulte d'un problème, d'une situation. Et, cela tant qu'il y a un micro de radio ou une caméra de télévision pour marquer les esprits par l'image et calmer une situation. La stratégie de la « carte postale » oblige, il faut occuper le terrain, communiquer, donner l'impression de s'occuper de la société, faire des promesses incantatoires[204].

C'est ainsi qu'on peut expliquer le fait qu'il ait fallu que le film « Indigènes » sorte pour que le Gouvernement décide du dégèle des pensions des anciens combattants des territoires d'Outre-mer et qu'un semblant d'égalité soit reconnue à tous les anciens combattants. Alors que, président l'ouverture du « Colloque sur le général LECLERC et l'Afrique française Libre », tenu les 12, 13 et 14 novembre 1987, à l'assemblée Nationale, l'ancien Premier Ministre et Maire de Paris à cette époque, déclarait : « …Ils[205] rappelleront enfin aux Français, *la contribution essentielle de leurs frères Africains à la libération de la France. Permettez-moi d'insister sur cette contribution qui pourrait, avec le temps, être oubliée ou sous-estimée. Car, sans les combattants d'Afrique et de*

---

[203] A l'instar des émeutes de la fin 2005, qu'on s'ingénie à circonscrire aux banlieues comme si cela changeait le fait qu'elles aient eu lieu !
[204] Qui, par définition, n'engagent que ceux qui croient en elles. C'est dire l'écart entre la réalité sociale et économique et la bulle dans laquelle se trouvent enfermés nombre d'hommes politiques.
[205] C'est-à-dire, les anciens compagnons du Général LECLERC et les spécialistes de l'histoire militaire, participants au Colloque.

Madagascar, *sans leur enthousiasme, sans leur dévouement poussé pour des milliers d'entre eux jusqu'au sacrifice suprême, la France libre n'aurait pu participer* comme elle l'a fait *à la délivrance de son sol.* » Et d'ajouter : « *Sans eux, la victoire n'aurait pas eu la même signification. Envers ces combattants de la France d'Outre-mer, nous avons contracté la dette du sang. Ne l'oublions jamais*[206]. »

Néanmoins, le moins qu'on puisse dire est que, aussi belle soit-elle, cette allocution contraste avec les actes politiques. Pas plus qu'elle n'avait pu faire reculer depuis une vingtaine d'années, les discriminations et les injustices à l'encontre des descendants de ces combattants Africains « sans lesquels la France libre n'aurait pu participer comme elle l'a fait à la délivrance de son sol. » Cela malgré de nombreuses lois de la République et, en particulier *l'article 6 de la Déclaration* des Droits de l'Homme et du Citoyen de 1789 qui dispose : « *La loi est l'expression de la volonté générale. Tous les citoyens ont droit de concourir [...] à sa formation. Elle doit être la même pour tous, soit qu'elle protège, soit qu'elle punisse. Tous les Citoyens étant égaux à ses yeux, sont également admissibles à toutes dignités, places et emplois publics, selon leur capacité, et sans autre distinction que celle de leurs vertus et de leurs talents.* »

Mais, force est de constater que plus de deux siècles après cette Déclaration des Droits de l'homme, les injustices contre lesquelles les Révolutionnaires s'étaient battus au point de se faire guillotiner parfois, ces injustices ont, au contraire résisté au temps si elles ne se sont pas diversifiées et accrues. De sorte qu'on peut dire que l'évolution des droits de l'Homme et du Citoyen a tendance à se faire à rebours, c'est-à-dire à

---

[206] Cf. les Actes du Colloque sur Le Général LECLERC et l'Afrique Française Libre, Fondation Maréchal Philippe de HAUTECLOCQUE, dit Leclerc, Paris, Assemblée Nationale, 12, 13 et 14 novembre 1987.

l'envers. Et, la compilation successive des lois les unes après les autres, sans qu'elles ne soient appliquées[207] ne change rien à la réalité. Au contraire. Le risque est de faire perdre à la loi sa double fonction généraliste et imprescriptible qu'elle a toujours eu depuis Napoléon BONAPARTE[208].

Par ailleurs, la France offre une originalité d'être le seul pays parmi les plus avancés, où l'on peut naître et grandir jusqu'à seize ou dix huit ans, sans que la République ne reconnaisse la citoyenneté, au motif que les parents sont étrangers. Ce qui constitue un déni d'identité de nature à empêcher le jeune de vivre et de s'épanouir comme n'importe quel autre Citoyen Français. A-t-on pris les précautions pour apprécier et évaluer l'incidence psychologique que peut avoir une loi[209] sur un enfant, né et scolarisé[210] en France, à qui l'on apprend à l'école à s'approprier des valeurs de la République, alors que dans le même temps les lois de cette même République lui dénient l'identité française, au simple prétexte que ses parents sont d'origine étrangère ? Comme si, finalement, l'histoire ne faisait que se répéter. Car, pendant la colonisation, l'on a fait répéter aux peuples colonisés que leurs ancêtres étaient des

---

[207] Comme c'est devenu le réflexe dès qu'un fait divers se produit.
[208] Qui est le seul roi et Président de la République, à avoir mis en place des lois qui ont résisté à l'épreuve du temps à l'instar du Code civil ou du Code Foncier encore en vigueur. En effet, Louis Napoléon BONAPARTE est le dernier Roi de France. Et, il fut le premier Président.
[209] Fut-elle votée par l'Assemblée Nationale. Car, le régime de la Vè République, mis en place par la Constitution de 1958, est né sur les cendres de la IVè République, qui s'était illustrée et caractérisée par une instabilité politique. De fait, il fallait instituer un pouvoir exécutif fort, avec un Président à l'image d'un monarque à la tête de l'Etat. Dès lors, l'Assemblée Nationale reflète plus un « *un parlementarisme de couloir.* » En d'autres termes, les lois sont ficelées dans les couloirs de l'exécutif. Et, l'Hémicycle sert ainsi de théâtre de débats factices. La preuve est que, courant l'année 2006, sur plus de six mille propositions de lois faites par les Députés, six seulement ont été et inscrites au Conseil des ministres !
[210] Ou l'ayant été. Car la scolarité n'est obligatoire que jusqu'à 16 ans.

Gaulois. Aujourd'hui encore, pendant que l'école apprend à tous les enfants à s'emparer des valeurs de la République, des pupitres du Palais Bourbon sortent des lois qui excluent des catégories entières de Français au motif que leurs parents sont d'origine étrangère. De plus, les discriminations ainsi que les injustices à l'encontre des catégories d'habitants des quartiers qualifiés de difficiles traduisent ce que WEBER[211] appelait la « violence légitime », c'est-à-dire celle de l'Etat. Ainsi : « Il faut *concevoir l'Etat contemporain comme une communauté humaine qui, dans les limites d'un territoire déterminé, revendique avec succès [...] le monopole de la violence* physique légitime. Ce qui est en effet *le propre de notre époque, c'est qu'elle n'accorde à tous les autres groupements ou aux individus, le droit de faire appel à la violence que dans la mesure où l'Etat le tolère : Celui-ci passe donc pour être l'unique source du droit à la violence*[212]. »

Dans le même esprit, mais dans un tout autre contexte, Henri GROUÈS, dit l'Abbé Pierre, défendant le droit au logement, en 1996, s'indignait : « ***Si une loi est ainsi faite que les personnes qui travaillent ne peuvent pas se loger, alors ce ne sont pas ces personnes qui cherchent à se loger en occupant des immeubles ou des résidences libres qui sont dans l'illégalité, mais c'est la loi qui devient illégale.*** »

---

[211] Cf. Max WEBER, in Le Savant et le Politique, Préface de Raymond ARON, les Editions Plon. 1986, pp. 100-101.
[212] Cf. Max WEBER, idem.

C'est dire s'il serait souhaitable de réfléchir sur certains actes qui, à en croire un certain nombre d'affirmations et certains médias, relèveraient de plus en plus des jeunes gens mineurs et qui seraient le résultat d'un déterminisme biologique et/ou ethnique. D'autant que des penseurs très sérieux tel Emile DURKHEIM et d'autres s'y sont déjà penchés au court des siècles antérieurs. Et, de leurs travaux et de leur réflexion, il ressortait que l'homme est le produit de la société et de son environnement. Autrement dit, chacun à sa naissance possède les mêmes facultés et les mêmes chances. Et, c'est tout au long de la vie, en fonction des expériences heureuses ou non, en fonction des rencontres dans son environnement social et son entourage que l'homme se construit ou se détruit. Et, le sociologue Pierre BOURDIEU aimait parler de « l'habitus », pour désigner l'ensemble des réactions, des comportements, des attitudes, des réflexes... intériorisés tout au long de l'éducation, des fréquentations et des situations diverses qui déterminent la personnalité de l'individu.

Par ailleurs, on peut s'interroger sur la finalité d'un certain discours ou certaines lois, prescrites comme des ordonnances médicales, selon la cible, la catégorie de personnes. Car, la fonction ou la vocation d'une loi ou d'un règlement ne paraît pas être de susciter des troubles à l'ordre publics. Et si une loi produit ce type d'effet, il ne faut pas faire l'économie d'une remise en question de la loi ou du règlement concerné ! Ce serait le meilleur exemple pour une jeunesse dont les espoirs de réussite sont ruinés par le chômage[213], les discriminations et le poids de la dette que leur lèguent leurs aînés.

---

[213] Qu'on n'arrête pas de manipuler et de noyer dans des chiffres qui sont à la fois abstraits et sourds à la misère des personnes les plus concernées, c'est-à-dire les demandeurs d'emploi. Et, le livre de Fabienne BRUTUS, Conseillère à l'emploi à l'ANPE, intitulé : « Chômage, des secrets bien gardés » montre l'ampleur de la manipulation des chiffres de l'ANPE à des fins électorales, voire électoralistes.

Et, la question est dès lors, de savoir comment faire pour que les Français vivent ensemble en paix, sans que le quartier, la couleur de la peau ou la religion ne constituent des critères de choix et de sélection ? Comment faire pour qu'il y ait une véritable « cohésion sociale » et pour que « l'égalité des chances » dont on parle tant passe du stade d'incantation ou de slogan, à celui de la réalité concrète et mesurable ? Et, que faire pour garantir à chaque fille et chaque fils de ce pays un emploi digne qui, seul, procure à l'individu et à la société tout entière, la confiance, la stabilité et la liberté ? Bref, comment faire pour éliminer l'endogamie[214] qui caractérise la société, afin de créer les conditions d'échange entre les groupes.

A ces questions les réponses sont multiples. Certaines sont souvent à peine esquissées qu'elles sont abandonnées, parfois suite à une alternance politique, un remaniement ministériel ou un simple réajustement au sein d'un Gouvernement. Il ne s'agit pas, ici, de remettre en cause l'alternance politique ou tout autre remaniement ministériel. Au contraire. Mais, force est de constater que l'approche de l'immigration ne s'inscrit pas souvent dans la continuité, tel que l'exige le principe de continuité de l'Etat. Ce qui donne le sentiment d'une sorte de valse législative et réglementaire, tant certaines lois ne sont souvent même pas encore appliquées qu'elles sont modifiées. L'illustration a été donnée par les lois SARKOZY, votées successivement en novembre 2003, juillet 2006 et novembre 2006, sans compter les différents règlements y afférents.

---

[214] Le vocable *endogamie désigne*, selon le Larousse : « *l'obligation pour un membre d'un groupe social de se marier avec un membre du même groupe.* » Mais, ce terme peut aussi s'entendre au sens où les membres d'une communauté préfèrent se retrouver, travailler, manger... entre-eux, excluant ainsi de leur cercle, d'autres personnes, d'autres communautés.

Dès lors, la production en chaîne des normes ne semble plus refléter le processus classique qui associait plusieurs points de vue émanant de plusieurs disciplines –sociologie, histoire, psychologie, etc.- avant de trancher. La production d'une loi est devenue un simple processus marketing qui emprunte les mêmes usages de ciblage et de segmentation. Quant à la loi elle-même, elle est devenue un produit marketing élaboré et conçu dans des cabinets ministériels, afin de communiquer. Et, toutes les stratégies de marketing sont mises en œuvre, de la phase de lancement au déclin, en passant par la pénétration et la maturité. Le renouvellement rapide de l'offre politique aux multiples demandes et besoins populaires étant prompt.

Toutefois, les immigrés –mais aussi les Français d'origine étrangère et antillaise- sont réduits au rang d'instruments de cette communication, de cette stigmatisation dont l'objectif est électoral, voire électoraliste. Car, le discours consistant à désigner les immigrés comme la cause du chômage ou de la criminalité, en même temps qu'il amalgame, il focalise sur eux, la haine et du rejet. Il n'y a rien d'étonnant à ce qu'il y ait une exacerbation des discriminations. Il serait temps que les responsables politiques concernés par la question s'en saisissent et qu'ils adoptent une attitude et un discours qui apaisent au lieu d'embraser. Ce serait dommage de ne traiter la question de l'immigration que sous un prisme électoraliste. Car, les études les plus sérieuses montrent qu'environ un tiers des français est un produit de l'immigration.

Un proverbe africain dit que « le chef du village ne voit pas le diable. » En effet, à force de voir le diable un peu partout en Occident en général et en France, on finit par apeurer tout le monde et agiter les fantasmes nationalistes. Les amalgames sur la polygamie, l'excision ou les moutons égorgés dans des baignoires concourent à alimenter des arrière-pensées sur des populations d'origine étrangère qu'on n'hésite pas à présenter excessivement et dangereusement comme homogènes et, de fait, ayant les-mêmes habitudes et les mêmes pratiques. Alors que ces populations viennent d'horizons différents et n'ont souvent ni les mêmes habitudes, ni les mêmes coutumes, ni la même religion. De plus, la question de l'excision a déjà été tranchée, depuis plusieurs années maintenant, à la fois par la jurisprudence qui avait sanctionné les dames qui s'étaient rendues coupables de ces pratiques. Et, le législateur s'était même déjà penché sur la question en interdisant la pratique de l'excision sur le territoire français. De même qu'il y a déjà quelques années que l'abattage des moutons, lors de la fête musulmane de l'AID K-BIR, sanctionnant la fin du ramadan avait été réglementée. Ce sont, en effet, les abattoirs qui en sont chargés. S'agissant de la polygamie, l'affirmation selon laquelle des immigrés seraient polygames en France relève d'une pure fantasmagorie. Car, l'article 147 du Code Civil précise : *« On ne peut contracter un second mariage avant la dissolution du premier. »* Il reste, dès lors, lieu de s'interroger sur la loi qui ferait exception aux immigrés, en leur accordant de conclure plusieurs mariages, quand bien même cela est interdit par la loi ? En d'autres termes, comment pourrait-on soutenir raisonnablement que les Maires consentent à ce que les immigrés épousent plusieurs femmes alors que la loi ne les autorisent guerre à le faire ? Bref, à croire qu'on pourrait agiter l'épouvante de la sorcellerie qui a fait des ravages il y a déjà plusieurs dizaines d'années, alors que la raison a, depuis, pris le pas sur l'irrationnel !

Dès lors, le moins qu'on puisse dire est que la tendance à la stigmatisation des immigrés et des banlieues alimente, d'une certaine façon, la radicalisation. Et, à force d'établir des liens entre l'immigration et l'insécurité, le chômage, la menace de l'identité nationale ou encore la délinquance, une partie de la population finit par se convaincre que les cités ne sont que des sanctuaires de tous ces facteurs. Et, ceux qui vivent dans ces cités finissent par se braquer, se considérant comme des éternels voyous, des casseurs, puisqu'ils estiment que, quoi qu'ils fassent, l'étiquette de « racaille » ne s'effacera jamais.

C'est dire si le discours politique sur les banlieues et les cités reste à réinventer. D'autant que celui ambiant semble à côté de la plaque ; la description qu'il fait de ces quartiers en tant que des lieux de concentration des gens sans qualification et à qui on proposer des « formations qualifiantes », est la preuve que les pouvoirs publics, à moins d'une attitude délibérée, oublient qu'en réalité, certaines cités et banlieues ont un taux très élevé de diplômés au km2, qu'on ne pourrait peut-être trouver dans certains quartiers pavillonnaires.

Au demeurant, la vraie problématique pour la France est de créer les conditions d'une cohésion sociale de l'ensemble des communautés dans la tolérance et le partage. Car, la réponse à la tentation communautaire qui guette toutes les sociétés du monde, c'est à la fois une véritable égalité entre les Citoyens et une réelle fraternité entre les Citoyens. Cela n'est possible qu'à condition qu'il y ait une véritable prise de conscience des autorités et une ambition politique de rassembler.

Par ailleurs, vivre ensemble implique de faire des concessions mutuellement. Pour ce faire, cela exige de s'accepter. Ainsi, ce qu'il faut c'est moins l'intégration[215] que l'acceptation. Car, celle-ci induit les notions d'association, de réciprocité et de respect de l'autre dans sa différence. En effet, une notion comporte une certaine magie, un effet sur l'inconscient d'un individu ou d'une groupe social. De plus, une notion revêt une grande importance dans l'arrimage qu'elle peut réaliser entre sa sémantique, sa perception et son intériorisation ou son appropriation par le plus grand nombre de Citoyens.

Car, une question aussi importante que celle de l'immigration mériterait qu'on organise les états généraux de l'immigration, regroupant toutes les parties concernées et tous les acteurs en phase avec la question, afin de définir les bases et les grandes orientations dans une loi-cadre[216]. L'objectif serait du moins d'aboutir à un consensus politique, sinon de trancher, c'est-à-dire délibérer une fois pour toutes sur la question. Quitte à prévoir des étapes d'évaluation, par exemple tous les trois ans ou cinq ans. Et, cette évaluation s'appuierait sur des critères objectifs et serait confiée à une autorité indépendance. Ce qui éviterait de surenchérir sur la question chaque fois qu'une échéance électorale se pointe à l'horizon et contribuerait à créer un climat paisible dans la société et, au-delà, à décrisper les relations avec les pays d'immigration. Car, la question de l'immigration divise également les pays, tant les visions et les approches apparaissent incompatibles, voire antinomiques. Et, l'annonce, le 5 décembre 2006, de la baisse des chiffres sur l'immigration qualifiée « d'historique », participe de cette

---

[215] Qui a une connotation un peu péjorative, en ce sens qu'elle implique une renoncement, c'est-à-dire la négation de soi et de son moi. Ce qui signifie en philosophie, l'existence ou l'être; autrement dit ce qui fonde un individu, sa structure, sa personnalité.
[216] Une loi-cadre pose les principes généraux et les grandes orientations et laisse au gouvernement le soin de les appliquer et les développer en usant de son pouvoir réglementaire.

antinomie. Car, pendant qu'on se réjouit de la baisse[217] des chiffres en France, dans les pays d'Afrique, non seulement on pleure les morts qui se noient au large des côtes européennes, mais en plus on gémit en silence du poids de la misère.

III.

LA RUPTURE DU CORDON COLONIAL EST UNE CONDITION SINE QUA NON AU DÉVELOPPEMENT DES PAYS D'AFRIQUE

« Car en toutes contrées, en toute ère est amère la sujétion et plaisant d'être libre... parce que je suis d'avis qu'on ait pitié de ceux qui, en naissant, se sont trouvés le joug sous le col ou bien que si on les excuse ou bien qu'on leur pardonne si, n'ayant vu seulement l'ombre de la liberté et en n'étant point avertis-ils ne s'aperçoivent point du mal qu'ils ont d'être esclaves. »

Etienne DE LA BOETIE, Discours de la servitude volontaire.

De la pauvreté aux différentes maladies, en passant par des guerres économiques pour le maintien des dictatures[218], les maladies endémiques, le pillage des matières premières, etc. la liste des maux dont souffrent les pays d'Afrique est longue et non exhaustive. Et, le moins que l'on puisse dire est que

---

[217] Dont il n'a été établi aucune réelle corrélation avec les mesures ou lois récentes sur l'immigration. Catherine WIHTOL WENDEN, Directrice de recherche au CNRS, invitée au journal télévisé de France 3 soir, le 5 décembre, s'interrogeait sur la signification de ces chiffres. Sont-ils liés à l'augmentation des expulsions et des refus du droit d'asile ou bien à la diminution du nombre d'étudiants ayant choisi la France?
[218] Considérées comme la meilleure garantie d'intérêts économiques.

l'expertise occidentale en général et française en particulier, ne semble pas avoir produit des effets escomptés en Afrique. Et, cette expertise fait de plus en plus mal à l'Afrique, comme on peut en juger par des candidats à l'immigration davantage déterminés, téméraires, voire volontaires à la mort, au point qu'on peut parler de « kamikaze[219] à l'africaine. » Pendant ce temps, des entreprises occidentales, réalisent chaque année, des bénéfices faramineux sur le dos de la misère des peuples et des populations civiles africains qui n'aspirent qu'à vivre chez eux tranquillement. De plus, certaines entreprises, et non des moindres, ainsi que de prestigieux cabinets d'avocats ont mis leur savoir-faire au service de ce pillage à huis clos[220]. Il ne faut pas se leurrer, la mobilisation des pays du G8 en faveur de l'Afrique s'inscrit davantage dans une opération de marketing diplomatique ou de communication, que dans une réelle volonté d'aide au développement[221].

Aussi, convient-il de s'interroger sur le propos de Jacques CHIRAC, lors de son allocution de présentation des vœux, du 31 décembre 2006, lorsqu'il déclare : « *Agir, comme nous le faisons, pour le développement des pays les plus pauvres, c'est, bien sûr, répondre à une exigence morale essentielle. Mais c'est également prévenir l'afflux à nos frontières de tous ceux qui quittent leur pays parce qu'ils n'ont plus d'espoir.* »

---

[219] En ce sens que, au lieu de sauter avec des ceintures d'explosifs ou des bombes en provoquant la mort d'autrui, les candidats à l'immigration préfèrent exposer leur propre vie à divers risques. Ainsi, ils sont prêts à tout : voyager dans des soutes ou des réacteurs d'avion, dans des cales de bateaux, prendre des barques de fortune, etc.
[220] HAREL (Xavier), Afrique, pillage à huis clos, Editions Fayard, 2006.
[221] Cette aide au développement ne représente qu'environ 1% de la richesse mondiale. Ce qui est complètement dérisoire.

En effet, s'il est vrai que les étrangers quittent leurs pays : « parce qu'ils n'y ont plus d'espoir », il est également vrai que la seule façon de : « prévenir l'afflux[222] à nos frontières » de ces personnes, c'est de développer ces pays. Ainsi, on peut s'interroger sur le contenu de « l'action » dont parle Jacques CHIRAC. D'autant qu'il a été un des acteurs les plus actifs de la FRANÇAFRIQUE, tant à l'époque où il était Premier Ministre ou Maire de Paris que, surtout, depuis 1995 où il est Président de la République. Et, le moins qu'on puisse dire est que pendant plus de trois décennies, il ne paraît pas avoir fait particulièrement preuve « d'exigence » morale sur des sujets ou des questions de développement concernant l'Afrique.

Mais, si la fin de son second mandat présidentiel et peut-être le début du troisième, peut faire de lui le nouveau chantre du développement de l'Afrique, on ne pourrait que lui savoir gré pour sa prise de conscience. Ce qui serait dommageable c'est que cela ne soit qu'un beau discours de compassion de plus. Tant la réalité de son action pour l'Afrique semble à l'opposé des beaux discours et ses intentions. Car, plusieurs décennies après son action le bilan est sans appel : l'appauvrissement de l'Afrique l'étouffe et la précipite dans la banqueroute.

Cela, alors que l'Afrique regorge encore des ressources et des matières premières. Ce qui oblige envisager différemment les relations économiques avec les pays occidentaux. En d'autres termes, il s'agit de prendre en compte les intérêts des pays d'Afrique et en faire une priorité absolue. C'est dans ce sens que certains éminents économistes de renom, comme Jacques ATTALI, n'hésitent pas à préconiser le protectionnisme pour sauver le peu de ressources et matières premières qui restent de la voracité de l'occident, afin que l'Afrique puisse accéder au développement. C'est la seule chance pour elle conclut-il.

---

[222] Ce qui constitue la matrice de la thèse que nous défendons et qui est développée tout au long du présent ouvrage.

Car, le moins qu'on puisse dire est que, les modes se suivent et se ressemblent. La nouvelle tendance consiste à afficher le « co-développement » comme la panacée à la misère des pays d'Afrique. En réalité, celui-ci paraît une duperie de plus. Car, si le co-développement signifie développer ensemble, c'est-à-dire en commun, sa mise en œuvre paraît moins évidente, tant il ne permet pas une meilleure lisibilité des responsabilités et des compétences. Cette dilution et cette dispersion du niveau des responsabilités présagent à la fois de la confusion et de la difficulté à escompter un développement des pays africains dans des délais raisonnables. D'autant que selon la loi du 24 juillet 2006, le co-développement est assuré par les Africains résidant régulièrement en France, au travers des « comptes épargne co-développement » ouverts auprès d'établissements de crédits et des banques.

C'est autant dire la lourdeur du mécanisme tant l'arrêté fixant les modalités d'application de la loi ne semble d'ailleurs, plus à l'ordre du jour depuis le début de la campagne de l'élection présidentielle. Le co-développement apparaîtrait ainsi comme la pire des préconisations, par rapport aux politiques exaltées depuis plusieurs années maintenant et qui ont échoué. Et, il y a de risque qu'il ne soit qu'un slogan, une incantation de plus pour amuser la galerie et divertir les âmes déjà meurtries par le poids de plusieurs décennies de misère, de spoliation et de privation bref, d'humiliation, etc.

Ce qu'il faut pour les pays d'Afrique, ce serait par exemple, le soutien inconditionnel à la mise en œuvre du NEPAD[223]

---

[223] Nouveau partenariat pour le développement de l'Afrique.

qui peine à recueillir l'assentiment des pays du G8 depuis bientôt dix ans. En effet, ayant pris conscience du retard et du fossé économique de plus en plus croissant entre l'Afrique et le reste du monde, un certain nombre de dirigeants politiques africains ont initié des plans de développement. Ainsi, deux projets ont été à l'origine du NEPAD : le Millénium African Plan (MAP), initié par les présidents THABO MBEKI (de la République Sud-Africaine), OLUSEGUN OBASANJO (du Nigeria) et de Abdel AZIZ BOUTEFLIKA (de l'Algérie) et le plan OMEGA, proposé par le Président ABDOULAYE WADE du Sénégal. Les deux plans furent ainsi fusionnés en « Nouvelle Initiative Africaine » qui sera baptisée NEPAD lors de la réunion d'Abuja au Nigeria, en octobre 2001. Dès lors, pour les pays d'Afrique le NEPAD représente une sorte de plan Marshall, à ceci de différent qu'il ne s'agit pas d'une aide gracieuse –comme c'était le cas dans le plan de George Marshall. Il s'agit d'un partenariat dont l'objectif serait de : « combler le fossé[224] de développement » entre l'Afrique et les pays développés. Ainsi, le *NEPAD vise à : « éradiquer la pauvreté ; placer l'Afrique sur la voie de la croissance et du développement, mettre fin à la marginalisation de l'Afrique, promouvoir son intégration dans le contexte de la mondialisation... »*

---

[224] Autrement dit : «*The Bradging gap* », en anglais.

Mais, baladés de G8 en G8 depuis le sommet de Kananaskis (Canada), en juin 2002, les initiateurs du « New Partnership for Africa's Development », semblent soumis à l'épreuve de l'endurance. Il faut gager qu'ils restent encore aux affaires et, surtout, en vie quand on sait la faible espérance de vie dans ces pays d'Afrique. Dès lors, la question qui se pose est celle de savoir si les pays les plus riches du monde affichent une réelle volonté de souscrire à cette démarche qui assurerait aux pays d'Afrique, les moyens de leur développement ? Rien n'est moins sûr, à en juger par le peu d'enthousiasme arboré, voire manifesté par les pays du G8 depuis 2002, ainsi que les différents atermoiements qui ont suivi le sommet du Canada.

A l'évidence, on ne peut faire l'économie de couper le cordon colonial incarné par différents accords et conventions, conçus et mis en œuvre à l'avantage exclusif de l'occident. Il faut rendre aux pays africains, ainsi qu'à leurs populations, leur dignité et l'honneur qu'ils méritent. Car, si l'on veut trouver des solutions au problème de l'immigration, il faut traiter les causes et non seulement les effets comme c'est souvent le cas depuis plusieurs années maintenant. Pour ce faire, une des mesures consiste à briser le frein au développement qu'est la zone Franc. Car, celle-ci met en coupe réglée les économies des pays de ladite zone, en favorisant une fuite massive des capitaux vers l'étranger. Cette fuite trouve son explication dans le service de la dette à l'égard de la France, au travers de l'adjudication à des entreprises et sociétés françaises, de la part la plus importante des contrats des biens et des services financés par des prêts contractés auprès des institutions internationales –FMI ou Banque Mondiale. Les transferts des bénéfices qui en découlent ne sont jamais réinvestis dans les réserves de change, répertoriées dans les différents comptes d'opérations. En effet, comme disait le président sénégalais, Abdoulaye WADE : « Un franc CFA crée le matin à Dakar, dort le soir à Paris. » Et, en plus des matières premières, les capitaux des pays africains renflouent à bloc les économies des pays occidentaux, et contribuent à leur développement. L'ironie du sort est que, est que certains pays occidentaux utilisent ces capitaux pour alimenter des nouveaux prêts accordés aux pays d'Afrique, selon un procédé bien connu que les Anglo-saxons désignent par le « *Round-tiping* » ou le « *Back-to-back loans.* » Ce qui ne fait qu'aggrave davantage les économies des pays africains déjà exsangues.

Dès lors, supprimer la zone franc permettrait aux quinze pays membres, de créer une monnaie commune qui serait indexée soit sur le dollar américain, soit sur l'Euro. Et, ces pays pourraient créer une Banque Centrale susceptible d'assurer le même rôle que la Banque de France : la politique financière et économique des pays d'Afrique. Car, ces pays disposent des moyens de pouvoir soutenir une monnaie et la défendre au travers des divers échanges économiques et financiers. De plus, la suppression de la zone franc permettrait à la France, non seulement d'être déchargée de la cogestion, c'est-à-dire de la coresponsabilité dans le désastre économique des pays de la zone franc. De sorte qu'elle sera amenée non seulement à restituer les réserves de change, accumulées depuis des dizaines d'années à la Banque de France, mais aussi à solder les comptes d'opérations et les intérêts afférents. Enfin, les réserves de change, détenues par la Banque de France, seront ainsi restituées à ces pays qui les mettront à la disposition de la nouvelle Banque Africaine qui serait à créer.

D'autre part, la question du monopole des multinationales et entreprises occidentales en général et françaises[225] mériterait d'être revue. En d'autres termes, il s'agit de mettre à plat les différents contrats qui lient les pays d'Afrique et les sociétés dont l'activité est l'extraction et l'exploitation des matières premières. Il s'agit de dénoncer le monopole et placer toutes les entreprises et les sociétés sur le même pied d'égalité ; les soumettre à la procédure d'appel d'offre sous le contrôle d'un observatoire pour le développement africain. Ce qui implique de renégocier l'ensemble des contrats entre les sociétés et les pays d'Afrique, dont un très grand nombre ont été imposés pendant la période coloniale et n'ont jamais été revus depuis. Cela, afin que le manganèse, le fer, le cobalt, l'or, l'uranium, le diamant, le pétrole, le coltane, le cobalt, le bois et diverses autres matières premières, ainsi que des essences, contribuent à assurer le développement[226] des pays d'Afrique, ainsi que le bien être de leurs populations.

Par ailleurs, les accords[227] d'assistance militaire ont, depuis la crise du Rwanda, jusqu'aux derniers évènements de la Côte d'Ivoire, montré leur limite et mis en évidence leur véritable but qu'est de permettre aux pays occidentaux d'exercer une surveillance étroite, un contrôle absolu des pays d'Afrique sur divers aspects politique, économique... Au point que ces accords ont plus apporté des malheurs à ces pays d'Afrique qu'ils ne les ont véritablement assistés[228]. Ainsi, ces accords méritent d'être dénoncés et réorganisés en concertation et en

---

[225] Qui réalisent leurs bénéfices, de plus en plus astronomiques, dans ces pays et sur le dos de la misère des populations africaines.
[226] Ainsi Jacques ATTALI préconisait, dans l'émission « Esprit Libre » de Guillaume DURAND sur FR2, en novembre 2006, le protectionnisme de ces matières, afin d'éviter le désastre des pays d'Afrique.
[227] Imposés pour la plupart d'entre eux à la veille des indépendances, à un moment où ces pays ne disposaient pas de la personnalité juridique.
[228] Dont on sait un peu plus aujourd'hui, qu'il s'inscrit dans la tradition FRANÇAFRICAINE.

accord avec les pays concernés. Le sens même d'un accord ou son principe, c'est d'être provisoire[229] et d'être évalué ou réévalué, voire audité après un certain temps. Or, le moins qu'on puisse dire est que ces accords, tout comme les autres, résistent au temps et aux changements et semblent avoir été mis en place ad vitam aeternam. Alors que la guerre froide a pris fin. La menace militaire n'est plus de même nature que celle qui pesait avant la chute du mur de Berlin. Le monde bipolaire a fait place à un monde multipolaire. L'équilibre de la terreur a changé de nom. L'enjeu, aujourd'hui, est la lutte contre le terrorisme. Ainsi, les accords doivent être d'un autre ordre que ceux traduisant une fausse protection paternaliste. Et, une présence militaire permanente ne paraît plus justifiée si elle ne repose pas sur d'autres motivations que l'assistance. Dès lors, on ne peut s'empêcher de s'interroger sur le fait que cette présence ne semble pas assurer la sécurité tant espérée par les populations africaines. Au contraire, elle est souvent à l'origine des crises, à l'instar de la situation du Rwanda[230], en 1994 ou celle de la Côte d'Ivoire en 2004. Ces exemples sont loin d'être les seuls. A tel point que cette situation induit une ingérence dans des affaires intérieures des pays d'Afrique. Ce qui pose la question de l'indépendance de ces pays, c'est-à-dire de leur souveraineté et leur autodétermination. De même, il y a lieu de s'interroger sur le bilan de la coresponsabilité des pays occidentaux et leurs multinationales dans le désastre économique des pays d'Afrique. Car, spolier des pays entiers depuis de nombreuses décennies, sans jamais se soucier du sort des nombreuses populations a quelque chose de commun avec l'holocauste nazi : le cynisme et la barbarie. Et, celle-ci

---

[229] Au sens de temporaire ou temporelle, court, momentané ou éphémère, c'est-à-dire qui ne dure qu'un certain temps et non éternellement.
[230] Pour laquelle le Rapport d'enquête parlementaire, diligentée par l'Assemblée nationale, s'est interrogé sur le rôle de l'armée française lors de cette crise. D'autant que pour le Général canadien en poste au Rwanda au moment des faits, la responsabilité de la France dans ces massacres, est établie et ne souffrirait d'aucune discussion.

se traduit à travers la faim imposée à ces pays d'Afrique. En effet, pour Jean ZIEGLER, *la faim est devenue : « une arme de destruction massive*[231]. » De sorte que la nouvelle barbarie vient du fait « *d'organiser la faim au service du nouvel ordre mondial, de plus en plus meurtrier et absurde.* »

Ce sont ces quelques mesures à prendre pour répondre de manière réaliste et efficace à l'urgence qu'impose la question de l'immigration. Soutenir le contraire de ces mesures, c'est jouer les pyromanes. Et, il ne faut pas s'étonner des effets et agiter le spectre de la victimologie. Car, éluder une partie de la problématique sur l'immigration ne paraît, ni moralement honnête, ni intellectuellement justifiable. Et, une telle attitude apparaît, du reste, dangereuse tant elle stigmatise les effets et agite l'épouvante ainsi que les fantasmes, sans s'attaquer aux causes, autrement dit à la racine du mal qu'est l'immigration. Car, l'occident en général et la France en particulier doit assumer son histoire sans complexe ni tabou. Elle doit faire l'effort de tourner la page et rompre avec des habitudes et des pratiques qui ont été préjudiciables pour des populations entières, spoliées dans leurs pays, condamnées à l'exil forcé, indexées, stigmatisées, baladées, cloîtrées dans des centres de rétention et rejetées comme des simples rebuts.

---

[231] Cf. Jean ZIEGLER, Les nouveaux maîtres du monde, op. cit.

CONCLUSION

L'immigration est un phénomène naturel et historique. Aucun Etat, aussi puissant soit-il, n'a échappé au phénomène depuis la nuit des temps. Loin s'en faut. Les Etats se sont toujours construits grâce aux migrations. Les raisons de l'immigration sont diverses et variées, de la simple aventure ou l'envie de changer de territoire, à la nécessité économique. Elles n'ont pas toujours été les mêmes selon les époques. De même, elles ont un contenu, des motivations et un sens différents selon le pays ou le continent d'origine et de destination. En d'autres termes, l'interprétation qu'on donne au phénomène n'est pas la même selon qu'on vient d'un pays occidental ou d'un pays du Sud. Ainsi, s'il apparaît presque banal, voire normal qu'un Italien, un Espagnol ou un Français s'installe à Marrakech ou à Franceville. Alors qu'il devient suspect si un Congolais, un Algérien ou Malien s'installe à Turin, Saumur, Carcassonne, Malabo ou encore à Douai. Dans un sens, cela est censé être synonyme de richesse, de civilisation. Alors que dans l'autre, au contraire, c'est considéré être synonyme de misère.

Or, on peut constater que les puissances occidentales, tentées de plus en plus par l'appétit de l'hégémonie, n'hésitent pas à couver des régimes kleptocrates, moyennant quelques barils de pétrole et des ressources et matières premières. Et, ce bal des hypocrites cause d'énormes dégâts. Car, si les pays du G8 se souciaient réellement du continent africain comme laissent croire de nombreux discours et déclarations, il suffirait qu'ils demandent, c'est-à-dire contraignent leurs multinationales et leurs entreprises à faire la lumière sur ce qu'elles versent aux pays du Sud. La transparence reste le meilleur antidote contre la corruption. Et cette exigence vaut à la fois lorsqu'il s'agit de la *« positive gouvernement », autrement dit* la bonne gouvernance, que de la « positive coopération », c'est-à-dire la coopération transparente et partenariale.

Dès lors, les lois existent pour qu'elles soient appliquées. La Charte des Nations Unies, le Préambule de la Constitution du 27 octobre 1946, ainsi que d'autres chartes internationales et lois n'échappent pas à la règle. Ce serait, pour la France, une manière de balayer d'abord devant sa propre porte, avant de voir la saleté devant celle du voisin. C'est également pour la France, une occasion de mettre fin à une approche historique séquentielle, voire amnésique qui consiste à ne se référer qu'à la période présente et à considérer que le fait d'évoquer son passé colonial notamment, c'est s'inscrire dans la repentance permanente. Alors qu'il n'y a strictement rien de honteux à reconnaître que Brazzaville fut la capitale de la France libre pendant l'occupation allemande. Cela paraît d'ailleurs même indispensable pour permettre aux Français de comprendre la sociologie de la France d'aujourd'hui. Car, pour de nombreux Français, les Noirs et les Arabes sont sortis du néant pour venir occuper leur pays. Alors que l'histoire montre tout à fait le contraire et permet de mieux appréhender les faits. C'est dire combien il serait important de permettre aux Français de connaître l'histoire de leur pays et de découvrir certaines de ses nombreuses zones d'ombre. Ce qui pourrait participer de la compréhension de certaines situations et, surtout, de solder le fardeau du fantôme de la colonisation. Tant l'enjeu est de créer les conditions d'une cohésion sociale, mais également d'un partenariat fondé sur l'égalité effective entre les Etats.

Car, la solution de l'immigration ne peut être trouvée dans le fait de s'arc-bouter sur la maîtrise des flux migratoires. Celle-ci est sans doute nécessaire, mais non suffisante. La France elle-même perd de sa crédibilité et sa réputation de patrie des droits de l'homme et du Citoyen et de terre d'accueil. Ainsi, des murs pourraient même être érigés jusqu'au ciel, que les étrangers, dépossédés de leurs matières premières, oppressés, affamés par des régimes cyniques, feront ce qu'il faut pour quitter cette condition qu'on leur impose. Et, ce n'est point la nomination éventuelle d'un ministre ou même un Président qui serait chargé à plein-temps de l'immigration, qui pourrait changer grand-chose. De même que, s'obstiner à penser que la seule option à la question consiste à dresser des barrières, au travers des lois de plus en plus violentes et inhumaines, est une fantasmagorie, une chimère. Car, la meilleure lutte contre l'immigration, c'est celle qui s'attaque à ses racines, à ses causes, c'est-à-dire celle qui s'intéresse à développer les pays pourvoyeurs de l'immigration. Ainsi, il s'agit pour l'occident en général et pour la France en particulier, de reprendre à son compte les dispositions de l'article 59 du Code Noir qui prévoyait déjà : « *Octroyons aux affranchis les mêmes droits, privilèges et immunités dont jouissent les personnes nées libres ; voulons que le mérite d'une liberté acquise produise en eux, tant pour leurs personnes que pour leurs biens, les mêmes effets que le bonheur de liberté naturelle cause à nos autres sujets.* »

Et, le Général Charles de GAULLE lui-même, ne soulignait-il pas, lors de son discours d'ouverture de la Conférence de Brazzaville en février 1944 : « *En Afrique française, comme dans tous les autres territoires où des hommes vivent... il n'y aurait aucun progrès qui soit véritablement un progrès si les hommes, sur leur terre natale, ne profitaient pas moralement et matériellement, s'ils ne pouvaient s'élever peu à peu jusqu'au niveau où ils seront capables de participer, chez eux, à la gestion de leurs propres affaires. C'est le devoir de la France de faire en sorte qu'il en soit ainsi ?* »

BIBLIOGRAPHIE

- Actes du Colloque International : Le Général Leclerc et l'Afrique française Libre : 1940-1942, in La Fondation Maréchal Leclerc de HAUTECLOQUE, Paris, assemblée nationale, 13, 14 et 15 novembre 1987

- De LA BOETIE (Etienne), Discours de la servitude volontaire, cf. présentation, Simone GOYARD-FABRE, Editions Flammarion, Paris, 1983.

- BADIE (Bertrand), L'Etat importé, l'occidentalisation de l'ordre politique, les Editions Fayard, 1992

- BRUTUS (Fabienne), Chômage, Des secrets bien garés. La vérité sur l'ANPE, Librairie Générale Française (Editeur Jean-Claude GAWSEWITCH), 2006

- BUGNICOURT (J.H), Action administrative et communication avec les administrés en Afrique, Revue Française d'Administration Publique (RFAP), II, 1977, pp. 145-166

- CHALIAND (Gérard), RAGEAU (J-Pierre), Atlas Stratégique, Géopolitique des rapports de force dans le monde, Editions Fayard, 1983

- Charte des Nations-Unis et Statut de la Cour Internationale de Justice, Service d'Information des Nations Unies, août 1985.

- CHEVENEMENT (J-P), Dictionnaire de la Défense et des Forces Armées, 1988, les Editions Larousse, 354 pages

- Constitution de la République française Editions Dalloz, 2004

- DARBON (Dominique), Le paradoxe administratif : perspective comparative autour des cas africains, Thèse de Doctorat en science politique, soutenue à l'Université de Bordeaux en 1991

- DESCHAMPS (H), L'évolution Coloniale, cf. SORET (Marcel), Histoire du Congo, Capitale Brazzaville, Paris, Editions BERGET-LEVRAULT, 1978, in Le Monde d'Outre-Mer : Série Histoire.

- DUMONT (René), Pour l'Afrique, j'accuse, Editions Plon, 1993

- DUMONT (René), L'Afrique étranglée, Editions du Seuil, 1980

- DUMONT (René), L'Afrique Noire est mal partie, les Editions du Seuil, 1962

- Emissions télévisées : Pièces à conviction, Esprit Libre, Un œil sur la planète, Ce soir ou jamais, Envoyé Spécial, Compléments d'enquête, Cinq colonnes à la une, France Europe Express etc.

- FOUCHER (Michel), L'invention des frontières, Editions FEDN, 1986 ; 326 pages.

- DIDE (André), Voyage au Congo, Editions Gallimard, Collection Folio, 1995

- GLASER (A) et SMITH (S), Comment la France a perdu l'Afrique, les Editions Calmann-Lévy, 2006

- HAMPATE BÂ (Amadou), L'étrange destin de WANGRIN, Edition 10/18, Collection Domaine étrange, 1998.

HOFNUNG (Thomas), La crise en Côte d'Ivoire : Dix clés pour comprendre, Editions La Découverte, Collection Sur le vif, 2005

- HAREL (Xavier), Pillage à huit clos, Editions Fayard, 2006

- JOFFRIN (Laurent), Cents jours qui ont changé la France, dans Le Journal Le Nouvel Observateur du 27 avril au 3 mai 2006, pp.12-13.

- KOULA (YITZHAK), Pétrole et violences au Congo-Brazzaville. Les suites de l'affaire Elf, Préface de Patrick BAUDOUIN, Editions L'Harmattan, 2006

- Lexique de termes juridiques, 11 è édition, Editions Dalloz, 1998.

- LOACHER (Smaïn), Le peuple des clandestins, les Editions Calmann-Lévy, 2007.

- LOZES (Patrick), Nous les Noirs de France, les Editions Danger Public, janvier 2007

- MAQUET (E), KANE (I.B), SURET-CANALE (J) Histoire de l'Afrique Centrale, des origines au milieu du XX è siècle, Editions Présence Africaine, 1971.

- NGOUPANDE (Jean-Paul), L'Afrique sans la France' Editions Albin Michel, 2002.

- PFISTER Thierry, Dans les coulisses du pouvoir, les Editions Albin Michel, 1986.

- SAINTOYANT (Jules), L'Affaire du Congo : 1905, les Editions EPI, Paris, 1960

- SARRAUT (Albert), Grandeur et servitudes coloniales, les Editions du Sagittaire, 1931.

- STASI (Bernard), L'immigration, une chance pour la France, les Editions Robert Laffont, réédition, 2007

- STIGLITZ (Joseph), La grande désillusion, Les Editions Fayard, 2002

- SURET-CANALE (Jean), Afrique Noire Coloniale, 1900-1945, les Editions Sociales, 1962

- TUIL (Karine), Douce France, les Editions Grasset, Janvier 2007

- WEBER (Max), Le Savant et le Politique, Préface de Raymond ARON, les Editions Plon, 1986

- VERBEEK (Roger), Le Congo en Question, Editions Présence Africaine, 1965.

- VERSCHAVE (François-Xavier), La FRANÇAFRIQUE : le plus long scandale de la République, les Editions Stock, 1999

- VERSCHAVE (François-Xavier), Elf, la pompe d'Afrique, Editions Tribord, 2006

- VERSCHAVE (François-Xavier), Privatisation de la violence, les Editions Agone, 2006

- VERSCHAVE (François-Xavier), L'horreur qui nous prend au visage, les Editions Karthala, 2005

- ZIEGLER (Jean), Les nouveaux maîtres du monde, Editions Fayard, 2002

- ZIEGLER (Jean), Sociologie de la nouvelle Afrique, Ed. Gallimard, Collection Idées, 1964

- ZIEGLER (J.), L'Empire de la honte, les Editions Fayard, 2005.

TABLE DES MATIÈRES

Avant-Propos ....p. 9

Introduction ....p. 13

Chapitre I : L'inflation législative et réglementaire en matière du droit des étrangers depuis la fin du XIXè siècle ....p. 21

I. La France, pays « d'immigration choisie » dès la fin du XIXè siècle ....p. 21

II. La parenthèse historique de l'immigration en raison de la chasse aux étrangers pendant le régime de Vichy..........p. 24

III. Le recours à l'immigration du travail en vue de reconstruire le pays détruit pendant la seconde guerre..................p. 25

IV. La tentation de remise en question de l'immigration choisie à la fin des « trente glorieuses »....................... p. 32

V. Le quitte ou double législatif et réglementaire entre la gauche et la droite..................................... p. 36

VI. La régression législative et réglementaire, la stigmatisation et la déshumanisation des immigrés.......... p. 58

Chapitre II : Les aberrations du passé et leurs incidences
   sur l'immigration..................................p. 81
I. De l'aventure à la colonisation ....p. 81
II. La balkanisation de l'Afrique en zones de
   contrôle occidentales................................... p. 82
III. L'Afrique avait pris un mauvais départ..................... p. 86

Chapitre III : La désillusion née de l'inapplication des
            principes de la Charte des Nations Unies
            et de la Constitution de 1946.................. p. 99

I. Le contre-pied de la Conférence de Brazzaville
   de février 1944..p. 99

II. L'étranglement économique des pays africains au travers
   des divers mécanismes de contrôle et de spoliation......... P. 109

III. L'aide économique et financière des institutions
   internationales : une réelle escroquerie qui cause
   d'énormes dégâts. ....p. 125

Chapitre IV : La nécessaire remise en question de
l'approche française de l'immigration dans le
d'une égalité effective……………..…….p. 137

I. Blancs, ''Blacks'', ''Beurs'' : impossible
cohabitation ?………………...……………..……p. 138

II. L'incontournable déghettoïsation de la société
Française……………………………………..…...p. 146

III. La rupture du cordon colonial est une condition sine qua non
au développement des pays d'Afrique…………..…..…… p. 158

CONCLUSION ……………………….…... ……......…. p. 169

BIBLIOGRAPHIE……………………………. ……………. p. 173

L'HARMATTAN, ITALIA
Via Degli Artisti 15 ; 10124 Torino

L'HARMATTAN HONGRIE
Könyvesbolt ; Kossuth L. u. 14-16
1053 Budapest

L'HARMATTAN BURKINA FASO
Rue 15.167 Route du Pô Patte d'oie
12 BP 226
Ouagadougou 12
(00226) 50 37 54 36

ESPACE L'HARMATTAN KINSHASA
Faculté des Sciences Sociales,
Politiques et Administratives
BP243, KIN XI ; Université de Kinshasa

L'HARMATTAN GUINEE
Almamya Rue KA 028
En face du restaurant le cèdre
OKB agency BP 3470 Conakry
(00224) 60 20 85 08
harmattanguinee@yahoo.fr

L'HARMATTAN COTE D'IVOIRE
M. Etien N'dah Ahmon
Résidence Karl / cité des arts
Abidjan-Cocody 03 BP 1588 Abidjan 03
(00225) 05 77 87 31

L'HARMATTAN MAURITANIE
Espace El Kettab du livre francophone
N° 472 avenue Palais des Congrès
BP 316 Nouakchott
(00222) 63 25 980

L'HARMATTAN CAMEROUN
BP 11486
(00237) 458 67 00
(00237) 976 61 66
harmattancam@yahoo.fr

593285 - Janvier 2015
Achevé d'imprimer par